UN AMI DU PEUPLE

OU

VIE DE SAINT

JEAN-BAPTISTE DE ROSSI

CHANOINE DE LA BASILIQUE COLLÉGIALE

DE

SAINTE-MARIE IN COSMEDIN

À ROME

PAR UN RELIGIEUX DOMINICAIN

ROME

IMPRIMERIE DU VATICAN

—

1901

SAINT JEAN-BAPTISTE DE ROSSI.

SAINT JEAN-BAPTISTE DE ROSSI

CHANOINE DE SAINTE-MARIE IN COSMEDIN.

UN AMI DU PEUPLE

ou

VIE DE SAINT

JEAN-BAPTISTE DE ROSSI

CHANOINE DE LA BASILIQUE COLLÉGIALE

DE

SAINTE-MARIE IN COSMEDIN

À ROME

PAR UN RELIGIEUX DOMINICAIN

ROME

IMPRIMERIE DU VATICAN

—

1901

AVANT-PROPOS

A vie de saint JEAN-BAPTISTE DE ROSSI a été écrite peu d'années après sa mort par un de ses intimes, Jean-Marie Toietti, Bénéficier de la Basilique Vaticane, dont le travail, légèrement modifié et quelque peu augmenté, fut reproduit pour la Béatification du Serviteur de Dieu, en 1860. Le Père Michel Tavani, de la Compagnie de Jésus, composa en 1867 une autre vie plus étendue et justement appréciée. Enfin, à l'occasion de la Canonisation du Bienheureux, la vie composée pour sa Béatification eut une nouvelle édition, dans laquelle on inséra les deux miracles approuvés par la Congrégation des Rites, en vertu desquels Sa Sainteté LÉON XIII avait décrété que l'on pouvait sûrement procéder à la Canonisation.

Désirant composer en français une vie du même grand Serviteur de Dieu, nous avons profité de ces divers travaux, et plus encore des procès de la Béatification, surtout de ceux qui concernent les vertus théologales et morales pratiquées au degré héroïque. Les dépositions des témoins donnent des détails biographiques, familiers, précis, intéressants, dans lesquels se montrent au naturel la physionomie de l'homme de Dieu et le caractère de son action dans le milieu où il vécut.

L'interrogatoire de ces nombreux témoins était disposé selon l'ordre théologique des matières, non selon l'ordre chronologique des faits, dont les dates manquent presque toujours. Quelque chose de semblable se produira forcément dans les emprunts que nous avons faits à cette source authentique. Mais ce sera sans détriment pour l'exactitude historique, vu qu'il s'agit de circonstances et de récits sans connexion avec la trame générale des événements dont se compose l'histoire de l'Eglise. Il résulte même de cette latitude une plus grande facilité pour grouper, en une série de tableaux caractéristiques, les détails relatifs au Serviteur de Dieu, et faire ressortir l'idée-mère, le but de notre humble travail. Ce but, cette idée, les voici:

Partout aujourd'hui on s'intéresse au peuple et l'on se préoccupe de son bien: tendance très louable en elle-même, mais qui, faute de direction,

résterait illusoire, deviendrait même
une cause de dissentiments et de pertur-
bations, par conséquent, un mal social
de plus, ajouté à tant d'autres. On ne
saurait l'oublier, faire du bien au peuple
c'est réaliser une partie considérable de
l'œuvre de la Rédemption; il faut donc
avant tout, pour y concourir dignement,
continuer la mission du Rédempteur,
son esprit, ses vues, ses sentiments,
ses actes, son immolation, sa bonté. En
dehors de là, si compatissants que soient
les cœurs, si ingénieux que soient les
plans, si énergiques que soient les
efforts, si vastes que soient les associations et les coalitions, on sera contraint
de les qualifier tristement par le mot
de saint Augustin à propos des systè-
mes de la sagesse antique: « Grands
pas, mais en dehors de la voie; *magni
passus extra viam* », ou par celui de
saint Paul: « Ils se sont évanouis dans

leurs pensées, et leur cœur insensé s'est obscurci » [1],

L'homme de Dieu qui va revivre devant nous, ignora ces illusions et ces déviations. Peu initié à l'étude technique et complexe des problèmes sociaux, il comprenait à fond, aux lumières de l'Evangile, ce que doit être, dans le plan divin, la vie humaine ici-bas: un acheminement à la vie en Dieu. Ce point de vue dominant lui permettait d'apprécier justement, sainement, utilement la part de bien-être terrestre que l'homme a droit de réclamer pour alléger les fatigues de la route, la somme de sacrifice requise de lui comme moyen de parvenir au but. Non seulement il avait le coup d'œil juste pour l'intelligence des choses, mais il s'était muni des moyens efficaces pour leur réalisation.

[1] Evanuerunt in cogitationibus suis et obscuratum est insipiens cor eorum (Rom. I, 21).

Car, à défaut de ressources humaines, il possédait deux trésors inépuisables: son cœur compatissant et son esprit sacerdotal. Par l'esprit sacerdotal, par l'assiduité à la prière, à la méditation de l'Evangile, à l'étude de la vie des saints prêtres, par la docilité respectueuse envers l'autorité ecclésiastique, et surtout par l'habitude du sacrifice, il méritait que Dieu se donnât à lui sans réserve. Et lui à son tour, par la compassion du cœur, se donnait pleinement, prodiguait son temps, sa santé, ses larmes, sa paix et son bonheur au bien du prochain, surtout des humbles, des petits, des abandonnés, de tous ceux qui souffrent, dans le corps ou dans l'âme. Pour tout dire en un mot: il fut, comme Moïse, *l'ami des hommes* précisément parce qu'il était *l'ami de Dieu* [1].

[1] Dilectus Deo et hominibus Moyses (Eccli. XLV, 1).

Idéal sublime et simple, accessible à tous, et pourtant mal compris du grand nombre; programme large et pratique où trouvent place, comme dans un cadre hospitalier, toutes les études, tous les concours, toutes les ressources, toutes les améliorations de la vie humaine qui conviennent aux conditions des temps, à l'ordre social, ou au génie propre des diverses nations.

Le désir de contribuer à un si noble et si doux résultat a inspiré la pensée d'écrire ces pages. Elles sont principalement dédiées aux prêtres, mais s'adressent aussi à tous ceux qui, animés de l'esprit du sacerdoce sans en avoir le caractère, se dévouent au bien de l'humanité sous une forme quelconque. Un religieux en est l'auteur; il a voulu par là témoigner de son respect et de son estime pour les membres du clergé, qu'ils soient organisateurs d'œuvres de miséricorde, membres de conférences charitables, directeurs d'âmes, curés dans les grandes villes ou dans les humbles campagnes etc. Quoi de plus beau, quoi de plus utile, en effet, dans un milieu social où l'égoïsme divise tout, que de resserrer les liens sacrés, fraternels, effectifs qui doivent unir toutes les milices des propagateurs de l'Evangile, pour ne faire ensemble qu'une grande armée, n'aspirer qu'à un seul triomphe, celui auquel nous invite notre divin Maître, parlant par son Apôtre: *Toutes choses sont à vous, soit Paul, soit Apollon, soit Céphas, soit le monde, soit la vie, soit la mort, soit les choses présentes, soit les choses futures: Oui, tout est à vous; mais, à votre tour, vous êtes du Christ, comme le Christ est de Dieu* [1].

[1] Omnia enim vestra sunt, sive Paulus, sive Apollo, sive Cephas, sive mundus, sive vita, sive

Procurer ou simplement préparer, sur un point quelconque de la chrétienté, ce grand triomphe, c'est assez pour remplir une vie; succomber à la tâche, c'est assez pour glorifier une mort.

mors, sive praesentia, sive futura: omnia enim vestra sunt. Vos autem Christi: Christus autem Dei (I. Cor. III, 22, 23).

CHAPITRE I.

Naissance, qualités heureuses, première éducation de
saint Jean-Baptiste de Rossi. — Il va d'abord à Gênes
dans une noble famille, comme petit page. — Il est
appelé à Rome, étudie au Collège Romain, et y fait
de grands progrès dans les lettres et la piété.

Voltage, petite ville proche de Gênes [1], vit
naître en ce monde, le 22 février 1698, sous
le Pontificat d'Innocent XII, le saint prêtre
dont nous entreprenons de retracer la biographie, dans l'espoir que tous, principalement les ecclésiastiques, y trouveront un modèle et un encouragement. Son père s'appelait
Charles de Rossi, sa mère, Françoise Anfossi.
Ils donnèrent à l'enfant le nom de Jean-Baptiste, la dévotion au saint Précurseur du Verbe
incarné étant en honneur dans le pays. Sans
être d'une condition très élevée, ils avaient
une position sociale respectable, rehaussée par
une piété exemplaire. Ils n'omirent donc rien
pour donner une éducation profondément

[1] Elle fut appelée autrefois *Voltacium, Utacium, Vol-
tabbium, Otaggio*, et finalement *Voltaggio*.

chrétienne à leur cher Jean-Baptiste, ainsi qu'à son frère et à ses deux sœurs. A peine l'enfant était-il en âge d'apprendre, qu'on le confia à deux prêtres vénérables, Scipion Chapelain et Joseph Repetto; ces hommes de Dieu n'avaient pas dédaigné de se faire maîtres d'école, pour pouvoir, tout en enseignant à l'enfance la plus tendre les premiers rudiments de la grammaire, lui infiltrer dans le cœur la connaissance et l'amour de Dieu. Au témoignage de ces deux prêtres, juges compétents entre tous, il n'y avait aucun enfant, dans toute l'école, qui montrât plus de talent que Jean-Baptiste et qui s'appliquât à tirer meilleur profit de leurs leçons. En effet, il avait reçu de Dieu, dans toute la force du terme, une bonne et heureuse nature [1], don si précieux comme base et terrain propice pour le développement des grâces surnaturelles. Aussi s'était-il rendu dès sa première enfance un objet d'admiration pour tous, par sa sagesse, sa modestie, sa dévotion. En lui, nul goût pour les bagatelles ordinairement inséparables de cet âge irréfléchi. Quelqu'un de ses condisciples venait-il à lui faire une malice ou une plaisanterie, un peu trop fami-

---

[1] Puer autem eram ingeniosus, et sortitus sum animam bonam (Sap. VIII, 19).

lières, il en montrait son déplaisir, sans toutefois manquer de patience, ni de bonne grâce ; sa ressource alors, pour couper court à l'occasion, était de se tenir sur la réserve ou de se retirer.

Mais s'il avait peu d'ardeur pour les amusements enfantins, il en montrait beaucoup à s'instruire, apportant au travail un esprit intelligent, docile, persévérant. La classe finie, on le voyait courir à l'église principale, dédiée à l'Assomption, pour y servir les dernières messes ; les jours où il y en avait davantage lui étaient les plus doux [1]. Et tandis qu'il ne cherchait en cela qu'à contenter sa dévotion, il devenait un sujet d'édification, non pas seulement pour les enfants de l'école et pour sa famille, mais pour le public. Tous étaient frappés de sa gravité, de son attention, de son esprit de religion au pied des autels ; on le comparait à Samuel.

Deux nobles Génois à la foi antique, Jean Scorza et Marie Elisabeth Cambiasi, son épouse, étant venus à Voltage en villégiature, attirés par la pureté de l'air, l'aménité du site,

---

[1] Une des chapelles de l'église collégiale de l'Assomption à Voltage, est dédiée à saint Jean-Baptiste de Rossi. On y voit sur l'autel sa statue, grande et belle, due au ciseau du sculpteur génois Marcenaro.

et les mœurs serviables des habitants, remarquèrent, en fréquentant l'église, l'aspect digne et pieux du jeune servant de messe. Il n'en fallut pas davantage pour que Marie-Elisabeth conçût un vif désir d'avoir à Gênes, dans son palais, à titre de petit page, un enfant si bien doué; elle s'en ouvrit donc au père de Jean-Baptiste. La proposition était honorable, séduisante; mais une objection grave était soulevée par la famille : comment l'enfant pourrait-il, dans les occupations tumultueuses d'une grande maison, continuer sa formation intellectuelle? Les nobles époux tranchèrent vite la question, promettant de faire donner des leçons particulières à l'enfant, par un bon professeur, dans leur propre domicile et à leurs frais. Tout obstacle était donc levé, et les parents se séparèrent, non sans tristesse, de leur cher trésor, dans l'espérance toutefois que Dieu le garderait, l'enrichirait même de nouvelles grâces.

Un résultat contraire, cependant, n'était-il pas à craindre? L'enfant de dix ans n'allait-il pas rencontrer des dangers absolument inconnus à la maison paternelle, sinon pour son innocence, au moins pour la formation de son cœur et de son caractère? Jeté si jeune et sans expérience dans un riche palais, mêlé à de nombreux serviteurs, bien nourri, vêtu avec luxe, choyé de tous, comment espérer qu'il pût éviter de devenir vaniteux, curieux, parleur, ami des caresses, négligent dans la piété, mou et indolent au travail?

Mais il était déjà bien trempé; il se maintint simple et vertueux à Gênes comme à Voltage, et il mérita sans doute par là que Dieu lui frayât le chemin jusqu'à Rome, où il était prédestiné à travailler, à souffrir et à mourir. Tout se fit par un de ces hasards providentiels sous lesquels se cache la main de Dieu, et qui se rencontrent surtout dans la vie des Saints.

Il y avait trois ans que Jean-Baptiste habitait le palais des Cambiasi, lorsque deux pères Capucins, en voyage pour la Ville éternelle, y furent accueillis, car on y était très hospitalier pour les religieux. Or l'enfant avait un oncle paternel, le P. Ange, religieux Capucin également, homme de grand mérite, qui, après avoir rempli longtemps l'office de Postulateur des causes des Saints de son Ordre, et composé en cette qualité les vies des SS. Félix de Cantalice, Joseph de Léonisse, Fidèle de Sigmaringen et Laurent de Brindes, exerçait à Rome la charge de Provincial. Il s'approcha donc timidement des voyageurs et les pria, avec sa bonne grâce native, de vouloir bien présenter à son parent ses plus respectueux hommages. Arrivés à Rome, non seulement ils remplirent le message, mais ils firent au P. Ange un tel portrait de Jean-Baptiste, de son bon esprit, de ses qualités aimables, qu'il résolut de l'appeler dans la ville éternelle pour y continuer son éducation avec plus de facilité, en résidant chez son cousin, Dom Laurent de Rossi, chanoine de l'église de Sainte-Marie in Cosmedin, dite aussi par le peuple *Bocca della verità* [1]. L'enfant répondit avec reconnaissance à cette invitation, après être allé passer quelques jours à Voltage, pour dire adieu à sa mère et recevoir sa bénédiction. Le père n'était plus au foyer, Dieu l'avait appelé à une meilleure vie.

Voilà donc Jean-Baptiste à Rome, à l'âge d'environ treize ans. Le chanoine Laurent

---

[1] Suivant la légende elle a été appelée « Bouche de la vérité », à cause d'une grande plaque circulaire en marbre, grossièrement sculptée en forme de visage humain et placée de temps immémorial dans le vestibule de la basilique. Elle aurait servi, comme épreuve de la vérité des serments: quiconque jurait devant la justice devait mettre la main dans la bouche de cette figure et ne pouvait plus l'en retirer s'il était parjure. Alors on la lui coupait (V. pag. 56).

On dit aussi que saint Augustin avant sa conversion résida tout près de là, chez un manichéen, y donna des leçons d'éloquence, et y fut atteint de la maladie dont il parle dans ses Confessions (Lib. v, Cap. 10, n. 1).

son protecteur, en quelque sorte son père adoptif, l'inscrivit bientôt après son arrivée pour suivre les cours du Collège Romain, fondé par saint Ignace et florissant sous la direction des Pères de la Compagnie de Jésus.

Dès le début, le nouveau venu se montra, parmi les étudiants, un des plus fervents dans le chemin de la vertu et des plus appliqués au travail. Il était impossible, malgré l'excellente direction du collège, qu'il ne s'y rencontrât çà et là quelque écolier dissipé, murmurateur, frondeur, dissimulé, sans piété vraie, dangereux même pour l'innocence: l'occasion, loin d'ébranler la vertu de Jean-Baptiste, la fortifia au contraire. Tous ses maîtres l'ont attesté à l'envi, il n'y avait personne, dans ce peuple d'écoliers, qui fût doué de plus riches talents et qui sût mieux les mettre à profit. Aussi quand il montait d'une classe inférieure à une classe supérieure, il était toujours promu à cet avancement avec le titre de *Dictateur*, par lequel on récompensait l'élève le plus distingué dans la culture des lettres [1]. Les vers latins, en particulier, sor-

---

[1] Dans les collèges de certains autres instituts, c'était le titre d'*empereur* qui était décerné; locutions qu'on pourra taxer d'emphatiques, mais qui, par leur prestige sur l'esprit des jeunes gens, produisaient une heureuse émulation.

taient de sa plume, bien pensés pour le fond, bien conduits pour le rythme, et remarquables par la richesse de l'expression. Un de ses condisciples conserva longtemps quelques unes de ces compositions, comme modèle du genre.

Après le cours des lettres, si bien nommé *Humanités*, parce que, sagement dirigé, il forme à cette distinction de la pensée, à cette politesse du langage, à ce sens du beau, à cet agrément des manières qui sont un des liens de la société humaine, vient l'étude de la philosophie. C'est un terrain moins fleuri, où l'humaniste ne réussit pas toujours, mais qui a pourtant ses charmes austères et surtout ses influences maîtresses sur les énergies de l'âme, pour la conduire à la perception du vrai et à la réalisation du bien. Jean-Baptiste s'y appliqua avec autant d'ardeur qu'aux lettres et avec non moins de succès, si bien qu'à l'issue du cours, il eut le périlleux honneur d'être choisi pour soutenir les conclusions publiques. Il s'en acquitta aux applaudissements de tous, et l'un des élèves, Gaétan Ridolfi, eut soin de garder, comme souvenir de cette joute académique, la grande feuille où les thèses solennelles avaient été imprimées.

L'éducation de Jean-Baptiste de Rossi, comme jeune homme du monde, était donc complète. A qui allait-elle servir? à lui et à sa gloire? Jamais. Au siècle et à ses convoitises? Mille fois jamais. Elle allait être mise sans partage au service de Dieu.

Eglise de l'Assomption
à Voltage.

PREMIÈRE MESSE
À L'AUTEL DE SAINT LOUIS DE GONZAGUE.

CHAPITRE II.

Vocation sacerdotale de Jean-Baptiste. — Il commence
ses études théologiques au Collège Romain. — Son
application simultanée à la culture de la science et à
celle de la sainteté. — Grave maladie qu'il contracte
par excès de ferveur. — Assistance au cours de
Saint-Thomas à la Minerve sous la direction du
P. Antoine Bardon. — Promotion au Sacerdoce.

Quand le chanoine Dom Laurent de Rossi
attirait à Rome son jeune cousin, c'était
évidemment dans l'espoir de le faire arriver
au sacerdoce. Il ne prétendait pas substituer ses vues humaines et ses ambitions de
famille aux desseins de la divine Providence,
libre de choisir qui elle veut. Mais ce qu'il
savait de Jean-Baptiste, lui offrait les pré-
somptions les plus sérieuses en faveur de
sa prédestination au culte divin et au service des âmes. Il ne se trompait en rien,
et quand le jeune homme, à la mort préma-
turée de son frère, fut l'objet de vives instances pour aller prendre à Voltage la direction
de la famille, il refusa. C'était décidé dans

son cœur, Dieu seul devait être sa part d'héritage à tout jamais.

De quelle manière, dans quelles circonstances se décida cette vocation? les documents nous manquent pour le savoir, et peut-être n'y en a-t-il pas? Les attraits de grâce pour le service de Dieu et des âmes, germèrent d'une manière si précoce, grandirent si naturellement dans cette terre bénie, qu'on ne saurait en marquer ni le jour ni l'heure. Jean-Baptiste était né prêtre et apôtre.

Le fait est que, peu de temps après sa philosophie, nous le retrouvons étudiant en théologie au Collège Romain; et nous nous figurons sans peine avec quelle intelligence, quel amour, quelle admiration, quels succès il se donna à ses nouvelles études.

En effet, le jeune homme qui a reçu une éducation profondément chrétienne et en a gardé les bienfaits dans un cœur pur, peut dire aux dogmes de la foi: *Vous êtes mes frères et mes sœurs;* la vérité théologique est comme son pays natal. Seulement quand il s'élève, par une étude sérieuse, dans ce vaste domaine, il discerne mieux les liens intimes qui en rattachent les diverses parties à l'unité, il trouve la beauté qui s'en dégage

digne d'être chantée [1], et les profondeurs
mêmes dont il s'approche, précisément parce
qu'il les trouve de plus en plus incommensu-
rables, sont à ses yeux plus vénérables, plus
sages, plus divines, plus propres au salut
des hommes.

En même temps qu'il s'adonnait à ces
études spéculatives, Jean-Baptiste s'appliquait avec toute la vivacité de sa jeunesse
et la ferveur de sa piété à la science des
Saints, à la culture de la vertu, pour devenir
à tous égards l'*homme de Dieu* [2]. Il dépassa
même les bornes, faute d'avoir consulté un
directeur expérimenté; et l'écart faillit lui
être funeste.

Il avait lu, dans le P. Segala, Capucin [3],

[1] Cantabiles mihi erant Iustificationes tuae (Psalm.
CXVIII, 54).

[2] Ut perfectus sit homo Dei, ad omne opus bonum
instructus (II, Tim. III, 17).

[3] Le P. Alexis, (comte Segala) fut un homme si avancé
dans la contemplation qu'on l'y surprit souvent ravi en
extase. Il erigea à Brescia la *Compagnie du Suffrage*, pour
le soulagement des âmes du purgatoire et composa sur ce
même sujet le livre: *Triomphe des âmes du purgatoire,
(Paris, Poussielgue 1880)*. Il fut aussi plein de zèle pour
répandre la dévotion à Marie, et composa dans ce but l'ouvrage intitulé: *L'Art admirable pour aimer, servir et honorer la glorieuse Vierge Marie, notre avocate,* traduit en
français et en allemand. On a également de lui la *Pratique
singulière pour conduire facilement l'homme à la perfection*

qu'il importe pour le progrès spirituel, de
mortifier la langue par le silence, et le goût
par la privation du boire : conseil excellent
en soi, particulièrement pour la jeunesse, si
portée à parler avec jactance et inconsidération, si facile par ailleurs à suivre les
instincts de la gourmandise. Mais l'application du conseil fut faite à outrance.

Voilà que, dans le jeune théologien, un
changement à vue se produit, ses condisciples n'en reviennent pas ; il s'est enfermé dans
un silence insolite, rigoureux, tenace. En
même temps, sa physionomie s'altère, par
suite de la perturbation que cause dans tout
l'organisme l'abstention presque totale du
breuvage, élément nécessaire surtout à l'ar-
dente jeunesse. Un jour pendant qu'il assiste
à la Messe dans l'église de Saint-Ignace,
les forces lui manquent, il jette un cri et tombe
sur les dalles comme mort. Aussitôt on
accourt, on le relève, on le ranime, il revient
à lui ; mais le coup était porté et les suites
n'en disparurent jamais. Son visage au teint
fleuri et à l'expression pleine de vie, devint

chrétienne. Il sut se garder, dans ses divers ouvrages, du
genre maniéré, emphatique, peu solide en doctrine, qui
se trouve dans beaucoup d'auteurs de son temps. Il mourut
en 1628 à l'âge de 69 ans.

maigre et pâle, sa voix, plutôt grave et sonore, prit un ton aigu, et tout son corps fut saisi de langueur, surtout la poitrine et la tête ainsi que l'estomac, qui était devenu impuissant à prendre assez de nourriture pour rétablir l'équilibre des forces : il y avait en lui une évidente disposition à l'épilepsie, dont les développements pourraient entraver son admission au sacerdoce.

Dieu avait permis ces excès dans la pratique de l'esprit de pénitence, pour que notre Saint acquît des mérites quotidiens par la patience dans les infirmités. Mais aussi, pour les prêtres appliqués au saint ministère, quelle utile leçon ! quelle preuve de tout ce que peut faire, même avec un tempérament souffreteux et des forces chancelantes, un homme qui sait s'oublier, qui met sa confiance en Dieu, et s'étudie à répartir sagement son temps et ses forces entre les divers exercices de zèle !

Toujours est-il que Jean-Baptiste se trouva dans l'impossibilité de suivre régulièrement les cours du Collège Romain, où l'élève devait écrire la leçon sous la dictée du maître. L'épreuve était dure ; mais, prenant la chose avec ce caractère enjoué que la maladie ne lui avait nullement enlevé, il disait souvent à ses intimes: *Si les succès eussent continué, j'aurais eu, moi aussi, la vanité de faire le savant et le lettré, peut-être pis encore. — Mais pour vous,* ajoutait-il en s'adressant aux jeunes gens portés à la ferveur, *apprenez par cet exemple à vous défier de vous-mêmes et à ne point embrasser de pratiques sans consulter le confesseur.*

Bien loin cependant de s'enfermer dans un far-niente répugnant à son caractère, il voulut profiter de tous les moyens d'instruction compatibles avec son état et se mit à fréquenter le cours de Saint-Thomas, au Collège de la Minerve. Chose remarquable! tandis qu'un exposé complet, disert, documenté, du dogme catholique lui eût demandé un travail désormais supérieur à ses forces, la Somme du Docteur Angélique lui était encore abordable et lui plaisait même; preuve de la structure simple, large et ferme de son esprit, en même temps que des mérites de son professeur. C'était le Père Antoine Bardon, natif de Marseille, qui, après avoir obtenu le bonnet de Docteur à Paris, et avoir charmé son auditoire dans diverses Universités, avait été appelé à Rome en 1706 par le Père Antonin Cloche, Général de l'Ordre, français lui-même, pour y occuper l'une des deux chaires de la Casanate et faire à la Minerve le premier cours [1]. Jean-Baptiste se rappela toujours et le maître et les leçons; souvent il les redisait aux prêtres de son entourage, non seulement comme doux souvenir du passé, mais avec le désir qu'ils en fissent leur profit.

Cependant les mois, les années passaient. Jean-Baptiste approchait de l'âge requis par l'Eglise pour l'admission au sacerdoce. Déjà, avec les dimissoires du Cardinal Laurent Fieschi, archevêque de Gênes, son supérieur d'origine, il avait reçu les Ordres Mineurs; le 14 juillet 1719, il était devenu sous-diacre; le 8 février 1721, il avait reçu le diaconat; il lui fallait encore un an et quinze jours pour être élévé au Sacerdoce, et qui sait si la crainte de voir l'épilepsie se développer ne

---

[1] Echard cite un de ses ouvrages publié sous un pseudonyme, sur le laxisme en morale. Le titre en est: *Francolinus clerici Romani paedagogus laxioris in administrando poenitentiae sacramento disciplinae magister commentitiae, Rigoristarum, fictiliarumque in Ecclesiam veterem ac recentem calumniarum impugnator, observationibus historico-critico-moralibus exagitatus.* Delphis Henrici van Rhin 1706. — Il y avait eu contre le rigorisme une réaction, qui avait passé les bornes en penchant du côté du laxisme; le P. Bardon voulut réagir à son tour contre ces écarts en tenant le juste milieu, et en faisant la part convenable à la miséricorde divine sans affaiblir pourtant les saintes maximes de la morale évangélique, ni atténuer le *scandale de la croix*, puisque c'est la condition du salut.

rendrait pas les supérieurs hésitants à lui faire franchir ce dernier degré, vu les sages précautions de la loi canonique? [1]

Le contraire arriva. Dieu, qui avait su éprouver son jeune serviteur, voulut le consoler en permettant que le 8 mars 1721, avec une dispense d'âge d'un an moins 14 jours, accordée par Clément XI, il fût consacré prêtre.

Où allait-il célébrer sa première Messe? L'attrait de son cœur lui fit choisir l'autel de Saint-Louis de Gonzague dans l'église de Saint-Ignace. Tout le monde connaît la magnificence de ce monument où les stucs, les marbres, le bronze, l'or, les pierreries rivalisent, sans enlever la prééminence à l'apothéose du Saint, sculpture de Pierre Legros [2]. Mais, là n'était point ce qui attirait les regards du nouveau prêtre. Son

[1] On dit que semblable difficulté faillit arrêter Pie IX dans la carrière parcourue par lui d'une manière si courageuse, si magnanime, si utile à l'Église.

[2] Pierre Legros, né à Paris en 1656, a fait aussi la statue de saint Stanislas Kostka, couché sur son lit de mort. Malgré le mélange singulier de marbre noir pour la robe, de marbre blanc pour la tête, les pieds et les mains, et de marbre sicilien de diverses couleurs pour le lit, cette statue, à cause de l'expression du visage et du fini de l'exécution, est une de celles que le pèlerin admire le plus à Rome. Ce fut, dit-on, après l'achèvement de ce chef-d'œuvre, que Pierre Legros, de protestant, se fit catholique. Il

attention, sa piété, les élans de son cœur allaient droit aux reliques de Louis de Gonzague conservées sous l'autel ; mais surtout sa foi montait jusqu'au temple céleste, pour y contempler l'aimable Saint comme modèle, et implorer son assistance dans la nouvelle vie qui commençait. S'il fut pleinement exaucé, la suite de cette biographie le montrera.

exécuta aussi, avant de rentrer en France, la statue de Saint Dominique qui orne l'une des grandes niches de la basilique de Saint-Pierre.

P. Alexis Segala, Capucin.

INTÉRIEUR DE LA BASILIQUE DE SAINTE-MARIE IN COSMEDIN.

CHAPITRE III.

Jean-Baptiste de Rossi s'applique à l'acquisition et à l'accroissement de l'esprit ecclésiastique. — Règlement de vie. — Tenue extérieure. — Oraison mentale du matin, du soir, durant le jour. — Office divin. Exactitude extérieure. Dévotion intérieure. — Messe. Dévotion. Crainte révérencielle. Tremblements mystérieux. — Les Quarante-Heures.

Mon fils, dit le livre de l'*Imitation de Jésus-Christ*, au prêtre récemment ordonné, *tu n'as pas allégé ton fardeau ; au contraire tu es astreint plus rigoureusement aux prescriptions de la discipline ecclésiastique* [1]. Jean-Baptiste de Rossi, notre saint prêtre, car déjà nous pouvons lui donner ce titre, avait l'idée la plus haute de ses devoirs, et son premier soin fut de s'exercer à les bien remplir selon la lettre et l'esprit; il voulait se sanc-

[1] Ecce sacerdos factus es et ad celebrandum consecratus ; vide nunc ut fideliter et devote, in suo tempore, Deo sacrificium offerras, et teipsum irreprehensibilem exhibeas. Non alleviasti onus tuum sed arctiori iam alligatus es vinculo disciplinae et ad maiorem teneris perfectionem sanctitatis (*Im. Christi*, l. IV, 2).

tifier d'abord, avant de travailler à sanctifier les autres. Un simple coup d'œil sur le règlement de sa vie intime suffira pour nous édifier à cet égard.

Bien que le Serviteur de Dieu ne fût pas Régulier de profession, il était *homme de règle*, par attrait autant que par devoir. Il savait que si l'éternité est le grand but, le temps est le viatique de l'éternité, et que la règle est le multiplicateur du temps. Il se levait de très bonne heure, même par les froids les plus rigoureux, afin de pouvoir donner aisément à ses exercices de piété la durée convenable, et les faire dans des conditions d'isolement, de silence et de liberté du cœur, qui en assurassent les heureuses influences sur toute la journée. Quelquefois, par compassion, on essaya de le tromper en retardant son horloge, mais il découvrit la fraude, et son déplaisir fut tel, qu'on n'osa recommencer.

Il donnait à l'oraison mentale du matin une heure continue, agenouillé sur son prie-Dieu. Sa fatigue d'esprit le rendait incapable de suivre les sujets formulés, divisés, développés selon les méthodes en usage, mais il avait pour ressource le Nouveau-Testament, ne s'en fatiguait jamais et y puisait au contraire de grands secours. Que se passait-il alors entre son âme et Dieu? on ne saurait que le conjecturer, car il s'enfermait soigneusement à clé. Mais on put constater cependant, qu'une fois saisi par la grâce, il oubliait tout; et l'on entendait du dehors des paroles, tantôt plaintives, tantôt joyeuses, ou des soupirs inarticulés, comme s'il eût conféré avec quelqu'un.

Une partie de son temps se passait aussi à recommander à Dieu les travaux qu'il avait à accomplir et les personnes dont le bien lui était particulièrement à cœur. C'est en faisant valoir cet argument, qu'un de ses amis, qui désirait lui faire un cadeau, finit par le décider à accepter sa montre: « En même temps qu'elle vous servira à régler votre oraison, lui dit-il, elle vous invitera à prier pour le donateur ».

Le soir il consacrait encore à l'oraison mentale une demi-heure; cette oraison, moins profonde que celle du matin, servait à le reposer des fatigues de la journée en étudiant et en admirant à loisir la vie des Saints, qu'il appelait fort bien *le second Evangile*. Les principales maximes évangéliques s'y trouvent, en effet, reproduites dans toute leur variété, leur pureté et leur perfection, par le langage des œuvres.

Quand la maladie l'empêchait de faire son oraison dans les conditions accoutumées, loin de l'omettre pour cela, il se dressait sur son lit, prenait en main quelqu'image pieuse et entrait dans son sujet avec le même recueillement que s'il eût été à genoux.

Dans le cours de la journée, dès qu'il avait un peu de temps libre, ce qui arrivait surtout au commencement de sa vie sacerdotale, on le voyait au prie-Dieu, appliqué par goût à quelque oraison supplémentaire. Ou, pour mieux dire, l'oraison était chez lui permanente, sauf quand d'autres devoirs l'obligeaient de l'interrompre, si l'on peut appeler interruption ce qui n'était que l'application pratique des lumières et des grâces reçues aux pieds de Dieu dans la contemplation.

Pour un homme qui possède un tel fond d'esprit de prière, l'office divin devient à son tour une vraie oraison mentale, différente par la forme de ce qu'on désigne ordinairement sous le nom de méditation, supérieure par certains côtés. Jean-Baptiste de Rossi faisait preuve, en s'acquittant de ce devoir, de la plus rigoureuse fidélité à tout ce qui en fait l'extérieur et le corps, mais surtout de la plus sérieuse application à l'esprit de religion, qui en fait l'âme.

Désireux d'observer à la lettre ce que prescrivent les rubriques pour le temps de la récitation, il ne voulut jamais célébrer la Sainte Messe sans avoir préalablement dit Matines et Laudes, quoiqu'il connût les opinions plus indulgentes, soutenues et pratiquées à cet égard. Pour plus de sûreté, il s'y prenait la veille au soir, et quand, à son heure habituelle, il y avait dans sa chambre quelque personne avide de profiter de sa sainte conversation, sans nul respect humain, mais avec ces manières gracieuses dont il avait le secret, il coupait court à l'entretien pour aller rendre à Dieu son tribut de louanges. Même assiduité à dire les autres Heures canoniques aux temps fixés; rencontrait-il des prêtres qui, sous prétexte de réceptions ou d'occupations pressantes, renvoyaient la majeure partie de l'Office au soir, il ne pouvait s'empêcher de donner quelque signe de désapprobation. Il est vrai qu'ils avaient fini par tout réciter matériellement; mais avaient-ils recueilli la centième partie des fruits spirituels justement attendus par l'Église, alors qu'elle confie à ses ministres un si auguste mandat?

Cependant l'esprit de religion apporté par Jean-Baptiste de Rossi à l'Office canonial dépassait de beaucoup son exactitude. N'ayant pas le secours de la récitation chorale et des cérémonies qui l'accompagnent, il y suppléait de son mieux. A l'imitation de saint François de Sales, il disait toujours son office à genoux, par sentiment de vénération et de foi, à moins que ses infirmités n'y missent obstacle, ou qu'ayant la bonne fortune de le réciter avec un autre ecclésiastique, il ne fît trève à cette habitude révérencielle, pour ne pas l'imposer à son collègue. Animé du même esprit, il se découvrait la tête à certaines parties de l'Office, se levait, puis fléchissait le genou, sans faire cas de la fatigue qui en résultait pour lui lorsque, pris d'une faiblesse extrême, il se soutenait à peine. Et rien en tout cela n'avait un air apprêté, mécanique ou exagéré; toute chose, au contraire, était d'une décence parfaite et d'un naturel achevé. Sa manière même de bénir la table avant son pauvre repas était posée, grave et inspirée par l'esprit de religion; on eût dit qu'il exécutait quelque cérémonie dans le sanctuaire. Le simple signe de croix qu'il faisait avant de prendre un remède, un cordial, une potion rafraîchissante, impressionnait les personnes présentes.

A ce profond respect durant l'Office, s'ajoutait une dévotion tendre, suave parfum venu du ciel: elle se révélait au dehors;

tantôt par une attitude humble et contrite,
tantôt par des soupirs affectueux. Le verset:
*Te ergo quaesumus tuis famulis subveni, quos
pretioso Sanguine redemisti*, avait en particulier le don de l'attendrir jusqu'aux larmes.
C'était un spectacle ravissant de le voir
comme hors des sens, vrai séraphin absorbé
en la présence de Dieu son Seigneur. Même
après son Office ou après sa méditation,
quelque chose de ces effets restait visible
en lui, surtout sur son visage enflammé et
transfiguré. Un prêtre qui l'accompagna un
jour dans une visite à la basilique de Saint-
Paul-hors-les-murs, raconta ensuite que, pendant la récitation des vêpres, pour laquelle
il s'était retiré dans un lieu solitaire, il le
vit si absorbé en Dieu qu'il semblait soulevé
de terre. De cet esprit de religion naissait
son profond respect pour la Sainte Écriture,
et si quelqu'un osait en faire devant lui des
applications vulgaires, risibles et plaisantes,
il n'hésitait pas à le réprimander, sur le
champ, fût-il ecclésiastique.

Une telle récitation, disons mieux, une
telle célébration de l'Office divin fait pres-
sentir ce que devait être pour Jean-Baptiste
de Rossi la Sainte Messe. Il la disait ordinairement à Sainte-Marie in Cosmedin où

Laurent de Rossi, son cousin, était attaché comme chanoine. Son heure d'oraison ne lui suffisait pas comme préparation, il y ajoutait une demi-heure spéciale; ensuite il montait à l'autel, avant de se livrer aux occupations absorbantes du ministère sacerdotal. Cependant il se prêtait, fallût-il attendre, aux exigences du sacristain, même dans les églises où il n'était tenu à aucun service. Durant cette attente, quels que pussent être dans la sacristie les pourparlers, les allées et venues, même hélas! les rires, les récits de nouvelles, et parfois les altercations, il demeurait plongé dans son silence et son recueillement, jusqu'au moment de revêtir les ornements sacrés. Son désir était de dire chaque Messe avec les mêmes dispositions qu'il avait eues en célébrant pour la première fois.

Ce qu'il éprouvait à l'autel est demeuré caché sous le voile de son humilité, car la seule perspective de l'estime l'effrayait et le portait à se tenir sur ses gardes. Mais il ne pouvait empêcher certains sentiments de se trahir au dehors, et les clercs qui lui servaient la Messe, (beaucoup ambitionnaient ce bonheur), ne manquaient pas de les observer attentivement. La crainte révérencielle et la ferveur, d'après leurs récits, prédominaient en lui : l'une se révélait par un tremblement qui le saisissait de la consécration à la communion ; ses mains agitaient le calice ; la sainte Hostie semblait près de s'envoler ; tout son corps participait à ce frémissement accompagné de larmes et de soupirs, et le marchepied de l'autel en était lui-même ébranlé. On eût dit qu'il se reproduisait alors dans notre saint prêtre quelque chose des palpitations merveilleuses, racontées dans la vie de saint Philippe de Néri [1]. En même temps, la ferveur et l'allégresse répandaient sur son visage un éclat et une flamme qui se prolongeaient après même qu'il avait quitté l'autel.

Un étudiant qui l'accompagnait remarqua

---

[1] « Quand Philippe célèbre la Messe, sa modestie est grande, mais quelque chose d'insolite frappe les regards de ceux qui peuvent s'approcher. En mettant le vin dans le calice, les mains lui tremblent tellement qu'il doit appuyer fortement son bras sur l'autel. A l'offertoire, tout son corps tremble et, de ses pieds, il martelle légèrement le marchepied de l'autel. Après la consécration, lorsqu'il élève la sainte-Hostie, puis le calice, il se dresse sur la pointe des pieds, on dirait qu'il veut monter vers le ciel, et il a besoin d'un effort pour replier ses bras vers l'autel. En prenant le précieux Sang, il ne peut se rassasier de la divine consolation, et ses dents laissent sur le bord du calice une empreinte ; il reste longtemps ensuite plongé dans un repos béatifique » (Card. Capecelatro, *Vie de saint Philippe de Néri*, lib. II, ch. I).

en particulier ce phénomène pendant une Messe célébrée dans l'église de Saint-André della Valle, à l'autel de saint André-Avellin, grand modèle et promoteur, on le sait, de la perfection sacerdotale. Une autre fois, ce fut en revenant de célébrer la Messe à Saint-Alexis sur l'Aventin, le jour de Pâques, que son servant et compagnon de route observa en lui, tout le long du chemin, une joie et une dévotion ravissantes. Il en sentait lui-même, avec un indicible plaisir, les émanations et il entendit le Serviteur de Dieu lui faire cette réflexion : *Dans les jours les plus solennels, mieux vaut s'écarter des lieux de concours et se rendre aux plus solitaires.* A cause de cela, le monticule et le sanctuaire de la *Navicella* [1] étaient souvent le but de ses pèlerinages et de ses méditations silencieuses.

Cependant il visitait avec empressement les églises où avaient lieu les Quarante-Heures. Bien qu'il y choisît une place écartée, quiconque le voyait immobile, comme hors de lui, le visage enflammé, les yeux fixés sur le

---

[1] Ce nom lui vient d'un petit navire en marbre blanc qui orne la place, et dont l'origine est expliquée diversement par les archéologues. Certains opinent que c'était un *ex-voto* offert à quelque divinité païenne.

très-saint Sacrement, ne pouvait s'empêcher de l'admirer et d'être profondément attendri.

Ainsi sa piété intérieure, flamme vive, source abondante, alimentée par le Cœur de Jésus, prêtre éternel, pénétrait tous ses exercices, revêtait de sainteté tous ses actes, faisait de son cœur, de son corps, de sa vie entière, un temple qui chaque jour croissait en beauté [1].

[1] In quo (Christo Iesu) omnis aedificatio constructa crescit in templum sanctum in Domino (Ephes. II, 21).

La Navicella.

EXTÉRIEUR DE LA BASILIQUE
DE SAINTE-MARIE IN COSMEDIN.

CHAPITRE IV.

Suite de l'esprit ecclésiastique. — Son influence sur la vie extérieure de Jean-Baptiste de Rossi. — Décence, simplicité, pauvreté dans le vêtement. — Tenue extérieure et manières sacerdotales. — Conversations, sorties et délassements. — Mortification des sens et habitude du sacrifice.

L'esprit sacerdotal répandu dans l'âme de Jean-Baptiste de Rossi au jour de son ordination, ne pouvait demeurer circonscrit aux exercices de piété ni aux fonctions du culte divin. Son domaine et sa force d'expansion sont immenses ; il a pour longueur l'éternité, et sa largeur embrasse tous les actes de la vie quotidienne, tous les rapports extérieurs avec les hommes. En vain le milieu social, devenu persécuteur ou athée, voudrait-il le frapper d'ostracisme. Comprimé dans ses manifestations, attristé de l'impieté régnante, cet esprit venu d'en haut n'en serait pas moins la lumière qui montre le vrai point de vue des choses, la force qui les dirige toutes à leur fin suprême. Sans le voir au grand jour, vous le sentiriez, et il vous porterait doucement à Dieu.

Notre saint prêtre ne rencontrait pas cet obstacle à Rome; l'esprit ecclésiastique était libre d'y fleurir partout, jusque sur les chemins. Il mit donc la plus grande sollicitude à marquer de son empreinte, à enrichir de son parfum tout ce qui appartenait à la vie extérieure et domestique.

Le port du vêtement ecclésiastique est un des points qui ont le plus attiré l'attention des précepteurs de la tribu sainte, comme étant un signe de la vocation des clercs et un moyen d'en conserver les vertus; de là tant de censures, contre ceux qui le laissent de côté comme une gêne, ou ne le prennent que pour le ravaler. Jean-Baptiste avait un vestiaire extrêmement pauvre pour la qualité de l'étoffe et le nombre des objets, d'autant plus que sa charité envers les indigents le portait souvent à y faire des emprunts. Mais, à l'exemple de saint François de Sales, il voulait que ce qu'il portait fût très propre, par respect pour le caractère sacerdotal. Y avait-il, dans les différentes formes de vêtements en usage, des nuances, qui permettaient de se rapprocher plus ou moins de l'esprit séculier et de ses manières libres, pour lui, la forme

préférée était celle qui exprime le plus vivement l'humilité, la mort à soi-même, la sépulture en Jésus-Christ ; ce n'était pas l'effet
d'un raisonnement, mais d'un goût et d'une
lumière. La tenue du corps, grave, modeste,
bénigne, édifiante, correspondait en lui à la
manière respectueuse de porter le vêtement
ecclésiastique. Ce n'était pas une tenue con-
ventionnelle, subie à certaines heures, durant
certains actes, comme celle du soldat sous
les armes, avec le désir de secouer le plus
tôt possible ce joug importun, pour rede-
venir « un homme comme un autre ». Il comprenait, qu'en tout temps il était « l'homme
de Dieu », et que, par conséquent, il ne pouvait jamais cesser de « porter honorablement
Dieu dans son corps mortel » [1]. Jusque dans
sa maison et sa pauvre chambrette, ceux qui
avaient la pieuse curiosité de l'observer le
trouvaient toujours dans une attitude du corps
humble, digne et édifiante. Quand il circulait
dans les rues, le peuple disait : *C'est un autre
Louis de Gonzague*. La nuit, il dormait le crucifix sur la poitrine.

L'esprit ecclésiastique ne brillait pas
moins dans ses conversations. Il ne s'en per-

[1] Glorificate et portate Deum in corpore vestro (I, Cor.
VI, 20).

mettait point d'inutiles, connaissant trop le prix du temps ; il plaignait les hommes qui trouvent des heures entières pour parler de nouvelles, faire des lectures frivoles, alors que, pour l'oraison et l'examen de conscience, le temps leur manque. Lui fallait-il cependant se prêter à certaines conversations, il y apparaissait comme ami, et au besoin comme défenseur de la vérité, de la charité, du respect et des convenances. Il avait une aversion instinctive pour toutes ces feintes, dissimulations, exagérations, réticences, équivoques, qui sont la monnaie courante, souvent même hélas ! de ceux qu'on appelle gens de bien. Le *oui* ou le *non* sortait de ses lèvres avec une sainte ingénuité, même quand il aurait pu sans imperfection, semblait-il, se taire ou prendre un détour.

Quant à la charité dans les entretiens, signe caractéristique du chrétien parfait, selon saint Jacques [1], combien plus devait-elle être chère à notre Saint ! Il parlait de tous en bien, et quand on se permettait, en sa présence, des critiques ou des murmures, par un geste de la main il invitait, il commandait presque, que l'on écartât ce discours pour passer à des

[1] Si quis in verbo non offendit : hic perfectus est vir (Iac. III, 2).

choses plus dignes de l'assemblée. Voyait-il son avertissement infructueux, il se renfermait dans un profond silence, qui révélait à tous son aversion instinctive pour la médisance et sa tristesse en face de l'offense de Dieu.

Ne prenant part aux conversations avec les séculiers que pour leur bien, il y unissait aux prévenances et aux bonnes manières une grande réserve, une constante possession de lui-même, une dignité sans affectation ; le charme de sa conversation n'en était que plus grand, on aurait voulu rester toujours près de lui. Nul n'entendit sortir de sa bouche une parole imprudente ou qui ne fût conforme aux régles du bon ton. Il est vrai, que son tempérament bilieux et sanguin fut plus d'une fois mis à l'épreuve par des indiscrets, des incivils, des ingrats, des insolents ; mais il savait refréner les paroles et même les gestes d'impatience et de colére ; sa coutume était de baisser humblement les yeux sans proférer un mot ; tout au plus voyait-on passer sur sa figure un nuage rapide, qui révélait son émotion intérieure. Mais quand on parlait avantageusement de ses insulteurs, son visage prenait un reflet de contentement.

Respectueux et réservé envers tous, afin de soutenir la dignité de son caractère sacré, il l'était plus encore avec les personnes du sexe ; on eût dit qu'il les craignait comme le feu. Loin de se croire sûr de lui et dispensé d'user de circonspection, il voulait mériter la grâce de Dieu par une réserve angélique dans les paroles et les regards. En tout, il évitait jusqu'à l'ombre de ce qui eût pu sembler contraire à la bonne édification. *Traiter ainsi les femmes*, disait-il, *c'est montrer le respect qu'on a pour elles.*

On comprend, par tout ce qui vient d'être dit, que les promenades de pur agrément, les divertissements populaires permis aux prêtres par l'usage, étaient peu dans les goûts de Jean-Baptiste, et comptaient pour peu dans l'emploi de son temps. S'il semblait de prime abord, par condescendance, disposé à se joindre à quelques-uns de ses familiers, il savait, une fois en chemin, présenter ses excuses avec tant d'adresse et de bonne grâce, qu'il obtenait sa liberté sans paraître blâmer l'excursion, et il allait travailler ou prier. Les fêtes religieuses elles-mêmes, celles du moins qui étaient accompagnées d'un certain tumulte et de ces démonstrations extérieures chères au peuple, lui répugnaient également, par instinct. De là ce mot qui revenait souvent sur ses lèvres lorsqu'il devait, pour cause de santé, faire quelque promenade l'après-midi: *Quand c'est fête à Sainte Marie-Majeure, tournons nos pas du côté de Saint-Pierre; et quand c'est fête à Saint-Pierre, allons à Sainte Marie-Majeure.*

Ce tableau des dispositions qui animaient le Serviteur de Dieu dans sa vie domestique et intime serait incomplet, si nous ne parlions de son esprit de mortification. Par le fait même de son admission à la cléricature, le jeune homme appelé de Dieu doit s'habituer à la pénitence: sa tonsure et le vêtement noir qu'il porte, espéce de linceul, figurent et prêchent le retranchement des inclinations terrestres et la mort à soi-même, pour participer à la mort de Jésus. A combien plus forte raison l'ecclésiastique y est-il voué par le fait de sa promotion au sacerdoce, où il reçoit la mission de célébrer le Saint Sacrifice et d'y *annoncer la mort du Seigneur!* [1]. Ceux qui connurent intimement Jean-Baptiste se persuadérent, à certains indices, qu'il avait l'habitude des macérations corporelles familiéres à tant de saints prêtres, comme saint François de Sales, saint Charles Borromée etc.

---

[1] Quotiescumque enim manducabitis panem hunc et calicem bibetis, mortem Domini annuntiabitis donec veniat (I, Cor. xi, 26).

Peut-être cependant, sa santé si ébranlée dès la jeunesse, obligeat-t-elle son confesseur de lui interdire ces pratiques volontaires, quoique très utiles pour faciliter les devoirs d'obligation, mortifier la chair, humilier le démon, donner à l'âme la vigueur et la joie, reveiller en elle le goût des choses spirituelles. Toujours est-il, que son application héroïque au devoir, malgré ses conditions de santé si misérables, était une continuelle pénitence, du matin au soir, du premier jour de l'année au dernier. Le froid l'éprouvait aussi beaucoup ; il le supportait vaillamment, quoiqu'il fît compassion à ceux qui le voyaient traverser les rues avec les mains rouges et gonflées, sans prendre les moyens les plus vulgairement usités pour s'en préserver.

L'usage de la nourriture, à son tour, devenait pour lui un exercice des plus mortifiants. Son état continuel d'épuisement demandait qu'il se soutînt avec plus de soin qu'un homme constitué dans un état normal de santé, et d'autre part son estomac délabré s'y refusait ; le soir surtout, c'était à peine s'il pouvait prendre quelques cuillerées de potage et boire de l'eau rougie d'un peu de vin. Telle était du reste sa boisson ordinaire, et une fois qu'on lui servit, dans une réunion, à l'occasion d'une fête, un petit verre de vin de Syracuse, un des convives, quand il le vit y verser de l'eau s'étant écrié : *Mais vous le gâtez;* il répondit finement : *Mieux vaut le gâter que me laisser gâter par lui.* Attentif à se priver des choses trop flatteuses pour le goût, il prenait au contraire, sans montrer d'aversion, celles qui se trouvaient être désagréables. C'est ce qui lui arriva à Neptune en dinant avec un Cardinal qui lui servit une portion de spigola ou loup de mer. Ce poisson que l'on pêchait même à Rome entre les ponts du Tibre, est délicat si on le fait bien macérer ; malheureusement celui que l'on servit à la table du bon Cardinal avait été mortifié jusqu'à putréfaction. Les autres convives, dès les premières bouchées, s'arrêtèrent ; Jean-Baptiste n'avait fait paraître aucun dégoût, et sur l'étonnement qu'on lui en témoigna, il répondit en plaisantant : *Le morceau était bien tendre.* Que si quelque plat avait pour défaut d'être excessivement salé et qu'on en fît devant lui la remarque : *Il est vraiment sage,* ajoutait-il, par allusion à la signification du sel qui, dans le langage scripturaire et liturgique, figure la sagesse.

En un mot, dans la vie du Serviteur de Dieu, nourriture, habitation, sommeil, repos,

tout était un tissu de mortifications qui *enve-*
loppaient son corps, selon la recommandation
de saint Paul [1]. Il pouvait donc, se tournant
vers les âmes qui lui étaient si chères, s'écrier:
La mort opère en nous, mais la vie opère en
vous [2].

[1] Mortificationem Iesu in corpore nostro circumferentes
(II, Cor. IV, 10).

[2] Mors in nobis operatur, vita autem in vobis (II,
Cor. IV, 12).

Bocca della Verità.
(V. p. 20).

LES ÉTUDIANTS CONDUITS À LA PROMENADE
APRÈS UNE VISITE À L'HÔPITAL DE LA CONSOLATION.

CHAPITRE V.

Le Collège Romain fut le premier théâtre du zèle apostolique de notre Saint. Il y avait reçu tant de grâces ! il voulait pratiquer par les actes, le devoir de la reconnaissance. Du reste, qui ne se consacrerait avec zèle à un tel ministère, pour peu qu'il considère un essaim d'enfants et d'adolescents avec leurs grâces croissantes, leur besoin de sympathie, leur ouverture de cœur, leur ardeur entreprenante, mais aussi leur inconsidération, les pièges qui leur sont tendus, leurs faux pas souvent précoces ? Jésus connaissait divinement et avait aimé d'un amour éternel le jeune homme de l'Evangile, qui s'approcha de lui plein de nobles aspirations pour la sainteté. Mais quand il le regarda des yeux de son humanité, il éprouva pour lui un amour nouveau dans sa forme et ses mouvements! Infortuné! après avoir entendu proclamer par le Maître le détachement des biens de la terre, comme loi fondamentale de la perfection, *il s'en alla tout triste!* [1] Quelle tristesse aussi, dans ce départ, pour le Cœur de Jésus, lui qui ne cesse de dire à tous, en particulier à la jeunesse dans sa fleur: *Venez à moi! Donnez-moi votre cœur* [2].

Pour opérer ce mouvement et réaliser cette donation, l'influence d'un homme de Dieu bien doué est souvent décisive; Jean-Baptiste de Rossi fut cet homme. Il avait même fait ses premières preuves, n'étant encore qu'élève. Les condisciples de son âge subissaient à chaque heure l'ascendant de sa parole, de sa bonne tenue, de sa fidélité au devoir; et les plus jeunes, bien qu'ils ne l'aperçussent que de loin, remarquaient et admiraient d'autant plus sa piété, qu'elle était rehaussée à leurs yeux par le prestige de ses succès littéraires.

Pour se rendre capable de faire plus de bien, il était entré dans une association ap-

---

[1] Abiit tristis, erat enim habens multas possessiones (Matt. xix, 22).

[2] Praebe, fili mi, cor tuum mihi (Prov. xxiii, 26).

pelée *della Scaletta* [1], où les jeunes gens, en même temps qu'ils se soutenaient réciproquement dans la vertu, s'encourageaient à l'apostolat parmi leurs camarades. Il fut admis ensuite dans une autre Congrégation pieuse, placée sous le vocable des Saints-Apôtres et réservée à un noyau de jeunes gens plus avancés en sagesse, capables d'exercer sur tout le collège une influence plus décisive encore [2]. Il en devint en peu de temps le modèle achevé, si bien que les directeurs se faisaient au besoin substituer par lui dans les réunions, et que dans leurs doutes ils s'en tenaient volontiers à ses avis. Le P. François Marie Galluzzi S. J., son confesseur, comprit dès lors tout le parti qu'on pouvait tirer d'une vertu si éprouvée, et il seconda constamment son zèle.

[1] Ce nom lui vient du long escalier tournant qui conduit à l'oratoire de la Congrégation, placé au-dessus de la grande église de Saint-Ignace.

[2] Le P. Michel Tavani dans la vie de S. J. B. de Rossi (Rome) 1867 explique bien l'organisation, le fonctionnement et l'action de ces diverses associations. — Les points principaux proposés comme règle à leurs membres étaient les suivants: 1º Méditation quotidienne selon la méthode enseignée par le père spirituel. De même pour la sainte Messe, la lecture pieuse, la visite au Très-Saint-Sacrement, l'examen de conscience et l'usage des oraisons jaculatoires. 2º Fréquentation des Sacrements de Pénitence et d'Eucharistie, comme grands moyens de combattre les ten-

Quand Jean-Baptiste reparut dans ce milieu, orné des grâces du sacerdoce, son action devint plus efficace, et on le surnomma bientôt l'*Apôtre du Collège Romain.*

De quels moyens se servait-il? quel était son secret pour réussir aussi bien?

D'abord, il avait pour auxiliaire son caractère heureux, sa jovialité accompagnée d'une courtoisie comme innée, et l'affabilité de son langage. Ces dons naturels ne sont pas tout, mais c'est l'hameçon qui attire, c'est la clef qui ouvre les cœurs; la voie étant frayée, le Sauveur y entre facilement et y place son trône dans la justice et la sainteté.

A ces qualités avenantes, nobles, sympathiques, venait se joindre un coup d'œil juste pour discerner les tendances de chacun, ses inclinations, ses amitiés, les cordes plus

tations, de faire progresser l'âme et de l'embellir. 3º Fuite des occasions, non seulement mauvaises mais amollissantes, comme les compagnies vaines, les théâtres, les divertissements trop bruyants. 4º Amour des œuvres de miséricorde spirituelle et corporelle; elles tournent au profit, non seulement de ceux qui en sont l'objet, mais de ceux qui les accomplissent en esprit de zèle. 6º Application à donner le bon exemple, en foulant aux pieds tout respect humain et en répandant partout la bonne odeur de Jésus-Christ. 7º Attention à introduire, dans les conversations familières avec ses intimes, quelques paroles propres à rappeler les maximes du christianisme, un jeune homme de tact étant capable de produire, sous ce rapport, de très grands fruits.

sensibles de son âme, afin de pouvoir, quand arrivait l'heure favorable, lui suggérer la maxime, l'encouragement opportuns, faire même la réprimande salutaire. Ce don de discernement l'avait rendu l'arbitre de tous, et si quelque désordre se produisait, si quelque souffle d'indiscipline circulait dans les rangs, il était chargé de calmer les esprits, de rappeler tout le monde au devoir, de rétablir l'ordre et la paix.

Parmi les moyens principaux de favoriser la vertu, il comptait sur les fêtes, en particulier sur le triduum de saint Louis de Gonzague, durant lequel, disait-il, « le bon Saint fait ses vendanges ». Mais il comptait beaucoup aussi sur l'efficacité de la parole de Dieu. Bien proportionnée aux jeunes âmes, à leur horizon, à leurs préoccupations et à leur goût, elle répand en elles les lumières de la vérité ; et la piété qui marche à ce flambeau, si elle n'est pas des plus démonstratives, a l'avantage d'être éclairée, généreuse, durable. Jean-Baptiste mettait donc la plus grande sollicitude à faire assister tous les étudiants à la congrégation tenue pour eux chaque semaine. Avant que les classes fussent finies, il était déjà au poste, et courait d'un groupe à l'autre pour les inviter à venir entendre l'allocution.

Il savait employer des manières si engageantes, prendre un ton si persuasif, qu'à sa grande consolation, peu à peu la salle se remplissait et les résultats de ces réunions furent des plus consolants pour tous.

Mais que faut-il pour ruiner de fond en comble de pareils résultats? Quelque mauvaise compagnie. Voilà l'écueil; plus les fleurs qui le cachent sont agréables, plus ses dommages sont profonds. Jean-Baptiste de Rossi ne cessait de prêcher, de prêcher encore la fuite de ce danger. Il ne voulait pas que, même parmi les bons, s'introduisissent des privautés propres à dégénérer bientôt en sympathies périlleuses. Quand il rencontrait ses jeunes amis dans les rues, il leur disait à cet égard d'un air enjoué, mais expressif: *Je désire que vous soyez des îles, non des presqu'îles*, leur insinuant par là qu'ils devaient s'isoler rigoureusement, non pas à moitié, de tout commerce, de tout contact avec des cœurs dissipés, gâtés, ou même seulement suspects.

Alors que faire? Faut-il, dans l'âge exubérant, se condamner à une vie solitaire et morose, sans autre compagnie que son propre cœur, sa folle imagination, sa honteuse et désolante inaction? Non, il faut des vacances,

des récréations graduées selon les temps et
les âges. Jean-Baptiste, pour y pourvoir, se
faisait chef de groupe, organisateur de parties
de plaisir. Mais il conduisait d'abord ses jeunes
gens à la visite des malades dans l'hôpital
de la Consolation. Leur faire de cela un honneur, un exercice de générosité, un plaisir
du cœur, une récompense enviée, quel succès! Après cela, on se dirigeait gaîment
vers quelque monticule à l'air pur et à la
vue grandiose, comme on en rencontre tant
aux alentours de Rome; Dieu était de la
partie, en récompense de la miséricorde exer-
cée. Arrivé au lieu choisi, le bataillon attendait le signe de la halte, c'était le temps
du jeu; personne n'eût osé s'en exempter,
car le chef était devenu l'un des champions,
peut-être pas toujours le vainqueur, car, avec
son état d'infirmité, la force et l'agilité lui
manquaient. Mais qu'importe? pour lui, perdre était un gain; en se faisant enfant avec
tous, jusqu'à se prêter à des amusements
puérils, il les gagnait tous à Jésus-Christ;
et c'était lui-même qui, à la fin, distribuait
les récompenses. Elles consistaient généralement en quelque objet de dévotion qu'il
savait être de leur goût et leur faciliter la
vertu.

Tout en jouant, il avait l'œil ouvert sur les gestes, les manières, le caractère de tous, choses qui souvent se révèlent au jeu, mieux que devant l'encrier et les dictionnaires. Voyait-il quelque désordre se produire, quelque contestation s'engager, il intervenait à temps et tranchait l'incident. Son intervention était encore plus prompte, son visage s'agitait même et devenait sévère, s'il voyait s'introduire, sous prétexte de pénitence arbitraire imposée au perdant, quelque pratique trop libre et dangereuse. Un jour, la pénitence choisie par l'arbitre était d'embrasser un camarade, Jean-Baptiste prit aussitôt un air triste et sérieux, qu'il garda rigoureusement jusqu'à résipiscence du joueur trop hardi. Pour celui-ci, c'était probablement pure inconsidération; mais il importait, une fois pour toutes, de prévenir le danger, d'inspirer de l'aversion pour ce mauvais genre et de lui infliger publiquement un blâme.

Il avait d'autant plus droit à se montrer rigide en cette matière, qu'il était le premier à donner l'exemple; jamais sa bonté ne dégénéra en camaraderie et en familiarités peu dignes de son caractère. Ce fut même pour se mettre à l'abri de toute suspicion, au point de vue des sympathies, des tête-à-tête et des conversations trop naturelles, qu'il voulut prendre des collaborateurs: *On pourrait m'accuser*, disait-il, *de gâter la jeunesse.*

C'était en même temps un moyen d'alléger pour lui le travail et de le mieux faire. Tous étaient égaux; mais la pluralité des directeurs ne compromettait nullement l'unité de direction, car notre Saint s'était composé et avait communiqué aux collègues un livret, sorte de directoire, où se trouvaient consignées les règles à suivre, les maximes à observer, les saintes industries à employer pour promouvoir le bien et en assurer la persévérance après la sortie du collège. La transition entre cette première période et celle d'une vie plus libre, lui semblait avec raison l'une des plus dangereuses, des plus décisives. Un élève qui lui était particulièrement cher à cause de ses belles dispositions se trouvait en mesure, à l'issue des classes, de faire son droit dans une grande cité peuplée d'étudiants, ou dans une ville de moindre importance, mais sous la direction de son oncle, ecclésiastique très versé dans le droit civil et canonique; Jean-Baptiste s'employa si bien qu'il fit adopter par la famille ce dernier parti, et les excellents fruits qui en résultèrent, justifièrent la sagesse de son conseil.

En parlant des jeunes étudiants sur lesquels Jean-Baptiste eut une heureuse influence, nous ne saurions omettre le vénérable P. Jean-Baptiste de Bourgogne, nommé dans le siècle, Claude-François du Tronchet. Né en France, dans le diocèse de Saint-Claude, il fit à pied, en plein hiver, le voyage de Rome pour s'y adonner aux études, avec l'appui d'un de ses frères, employé à la Cour Pontificale. Il fut un des plus fidèles à suivre notre Saint dans les excursions pieuses ou charitables, dont celui-ci était l'âme. A 18 ans, il entra parmi les Pères Franciscains de Saint-Bonaventure à Rome, particulièrement célèbres par l'austérité de leurs observances et leur esprit de solitude. Il mourut à Naples, en 1736, âgé de 26 ans, en telle odeur de sainteté, que l'on commença peu de temps après, le procès de sa Béatification [1].

Animé d'un zèle si communicatif, Jean-Baptiste se rendit célèbre, non seulement dans l'enceinte et le personnel du Collège romain, mais dans Rome tout entière. Le bien réalisé par lui dès lors fut profond, immense; et

[1] Léon XIII a approuvé le 18 juin 1901, la validité des procès instruits à Naples pour la cause de ce Vénérable fils de saint François d'Assise. Ainsi on peut procéder à l'examen de ses vertus, pratiquées au degré héroïque.

surtout il servit de préparation aux œuvres caractéristiques de sa vie. Presque partout on y rencontrait, parmi ses auxiliaires ou ses bienfaiteurs, des disciples ou des compagnons d'armes du Collège Romain. L'unité d'esprit était faite d'avance, les cœurs aimaient Dieu et s'aimaient entre eux, comment le ciel n'aurait-il pas donné ses bénédictions les plus abondantes? [1].

[1] Veni ut vitam habeant et abundantius habeant (Ioan. x, 10).

Le Vén. J. B. de Bourgogne.
(Claude du Tronchet).

ENTRÉE DU GRENIER (transformé en chapelle)
OÙ JEAN-BAPTISTE LOGEA NEUF ANS.

CHAPITRE VI.

Le chanoine Laurent de Rossi, en caressant l'espérance de céder un jour son bénéfice à son cousin, poursuivait un but très licite et conforme à la loi canonique. Mais Jean-Baptiste nourrissait dans son cœur, depuis longtemps, des aspirations toutes contraires. Son rêve était de vivre dans un parfait dépouillement des biens et des honneurs terrestres, même ecclésiastiques, pour pouvoir plus librement vaquer à l'assistance des misères humaines, quelle que fût leur forme: maladies, pauvreté, mendicité, ignorance, réclusion pour crime, et surtout esclavage du péché.

Aspiration profonde, nous pourrions dire passion dominante, qui se révéla inopinément quand son parent, sentant ses forces décliner, voulut effectuer enfin en sa faveur la transmission légale de son canonicat. Celui qui aurait dû se montrer le plus content de voir son avenir honorablement assuré, fut le seul qui fît obstacle, avec une fermeté invincible. En vain lui représente-t-on qu'un jour il pourra se trouver dépourvu de ressources; il répond: *Dans ce cas, l'aumône de la messe me suffirait, et au-delà.* Tous ses amis reviennent à la charge, persuadés que c'est chez lui question d'excessive humilité; mais le vrai motif était d'un ordre plus parfait. Pendant son ordination sacerdotale, il avait fait à Dieu le vœu, non seulement de ne rechercher aucun bénéfice ni apanage ecclésiastiques, mais de les refuser dans le cas où ils lui seraient spontanément offerts, à moins d'être contraint à les accepter par le commandement de son confesseur. Pour l'acceptation du canonicat, celui-ci dut donc intervenir et, sur son ordre formel, Jean-Baptiste céda. Il entra en possession du bénéfice, comme coadjuteur, le 5 février 1735. Jamais cependant il ne signa avec le titre de chanoine; et autant qu'il le pouvait, il employait pour les cérémonies du culte le surplis, de préférence à la mosette et à la pompeuse chape canoniale, dite *Cappa magna* [1].

Une nouvelle circonstance vint mettre encore plus en relief le détachement, l'aversion même de Jean-Baptiste pour les biens terrestres. Le chanoine Laurent possédait une fortune assez belle et manifesta l'intention de la lui léguer. Il le trouva aussi hostile à ce projet qu'au précédent, et tout empressé à plaider en faveur d'un certain parent à un degré plus éloigné, du reste fort bien pourvu déjà. Mais le vieillard cette fois se montra inflexible; à peine Jean-Baptiste put-il obtenir de lui, à force d'instances, qu'il fît du moins un codicille en faveur de l'autre parent; ainsi,

[1] Parmi les Saints et illustres personnages qui ont fui les dignités ecclésiastiques, on cite saint Antonin, archevêque de Florence et le Vén. Barthélemy des Martyrs, Archevêque de Braga en Portugal. Antonin n'accepta la charge archiépiscopale que lorsque le Pape Eugène IV l'eut menacé d'excommunication s'il persistait dans le refus. Il tenait sur lui, comme douce réminiscence, la clé de sa petite cellule de Saint-Marc, tout disposé à y retourner si les magistrats, irrités de sa fermeté à soutenir les droits de l'Eglise, parvenaient à le renverser. — Barthélemy des Martyrs, n'inclina la tête pour ceindre la mître pontificale que contraint en vertu de l'Obéissance, par son Provincial, le Vén. Louis de Grenade. A force d'instances, il obtint, 8 ans avant sa mort, de renoncer à son archevêché pour vivre dans l'humilité, l'obéissance et la méditation des fins dernières.

faute de mieux, il diminuait le poids d'un héritage auquel il eût voulu se soustraire totalement. Pourtant, à son titre de proche parenté s'ajoutait celui d'une assistance généreuse, donnée au chanoine durant de longues années, et devenue à la fin fort pénible. Celui-ci, frappé d'apoplexie et dominé par une profonde mélancolie, s'était rendu insupportable ; les serviteurs poussés à bout se refusaient à le soigner. Jean-Baptiste demeura fidèle au poste ; et encore le malade n'avait souvent pour lui, en échange de ses soins assidus, patients, tendres même, que des brusqueries et des sévices, jusqu'à lancer contre lui, tantôt une *pagnote*, tantôt une assiette ; quelquefois même, quand il l'avait tout près de lui, il s'oubliait jusqu'à le frapper. Le saint prêtre supporta tout pour Dieu pendant un an, sans plainte, ni aigreur, ni découragement, jusqu'à ce que la mort vînt mettre fin, en 1737, aux maux du vieillard et à l'épreuve de son entourage.

Maître de la fortune par la mort du testateur, Jean-Baptiste s'empressa d'augmenter la part laissée au parent cohéritier ; et quant au reste, il n'ambitionna que de s'en défaire ; on eût dit que les biens temporels lui brûlaient les mains. Quinze jours après le décès, mobilier, argenterie, vaisselle artistique en cuivre, vêtements, lingerie, literie, tout était passé entre les mains des pauvres. Restaient certains tableaux ; il accepta de les vendre tous en bloc pour quinze écus, afin d'en donner aussitôt le prix aux malheureux. Par bonheur, des amis survenus à temps empêchèrent l'exécution d'un contrat qui eût trop bien fait le compte d'un acquéreur peu scrupuleux ; en effet, un seul des tableaux, un saint Laurent, fut vendu par leurs soins pour vingt-cinq écus. Dans l'héritage était compris un livret de la caisse d'épargne qui servit à doter une jeune fille en péril ; enfin, l'ameublement des chambres du défunt, passablement vendu, servit à pourvoir l'église de Sainte-Marie *in Cosmedin* d'un orgue mobile, et même à constituer un honoraire annuel pour l'organiste. D'autres sommes qui arrivèrent ensuite, servirent à orner de stucs et de belles dorures la niche où étaient conservées les reliques de l'église.

Mais alors, où logerait le nouveau chanoine ? Il avait choisi un grenier attenant à la basilique, et dont il avait paré les murs de quelques images en papier. C'était pour lui, il est vrai, un site triste, un air peu salubre ; mais il était près du tabernacle, à portée du chœur où sa vocation l'appelait désormais à chanter les louanges divines. Ce séjour dura neuf ans.

En contemplant ces dispositions et ces actes, la sagesse humaine les taxera sûrement d'étrangeté, d'exaltation, de folie. La sagesse chrétienne elle-même restera peut-être quelque temps déroutée ; elle chuchotera les mots d'exagération, d'étroitesse d'esprit et dira : « Pourquoi cette antipathie et cette sorte de réprobation pour les biens temporels ? N'est-ce pas l'intention qui fait tout ? Les biens terrestres ne sont-ils pas l'œuvre de Dieu et le soutien matériel de ses enfants ? Abraham, le Père des croyants, n'avait-il pas une armée de serviteurs, des troupeaux innombrables et des quantités de parures en or ? L'Eglise elle-même n'exige-t-elle pas une dotation de la religieuse qu'elle admet au monastère ? ne demande-t-elle pas à certaines œuvres de miséricorde des revenus assurés, avant d'en accepter la tutelle ? »

« O homme, qui es-tu pour répondre à Dieu ?... Qui a connu le sens du Seigneur ou lui a servi de conseiller ? »[1]. Sans doute

---

[1] O homo, tu quis es qui respondeas Deo ? Quis enim cognovit sensum Domini, aut quis eius consiliarius fuit ? (Rom. IX, 20 — XI, 34).

la divine sagesse, dans le cours ordinaire des choses, s'adapte avec une ineffable bonté à la portée des esprits, à la mesure des vertus, à la condition commune des choses, de telle sorte que son intervention est aussi imperceptible qu'elle est efficace. Mais de temps en temps, laissant là tous ces tempéraments, elle prend quelque Saint de son choix et l'appelle à soulager les misères humaines par des moyens qui confondent toute prudence. On le voit, cet homme prédestiné, sous l'action d'une grâce exceptionnelle, au lieu d'accumuler pour le besoin les ressources temporelles, les repousser par principe. Appelé à soulager les pauvres, il veut avant tout mériter d'être naturalisé chez eux, en embrassant par choix le renoncement aux biens, effectif et volontaire. Le voilà donc devenu vraiment l'un d'entre eux; et faisant alors deux parts des choses, il prend pour lui leurs privations, désireux d'en ressentir la gêne et la souffrance, tandis qu'il leur prodigue ce qu'il peut inventer de meilleur en fait d'adoucissements et de consolations. En retour, parce qu'il s'est fait leur égal et leur serviteur, ils font de lui le roi de leurs cœurs; et la Providence, unique trésorière de ce royaume, y envoie des secours merveilleux. Tantôt, c'est par elle-même qu'elle opère tout ; tantôt par des fidèles, qui ont foi dans l'homme de Dieu.

Tel fut le caractère héroïque de la vocation de Jean-Baptiste de Rossi. Il pouvait donc dire : « *C'est par la grâce de Dieu que je suis ce que je suis, et sa grâce n'a point été stérile en moi* » [1].

Mais il fallait qu'avant de se livrer entièrement à cette grâce, il passât quelque temps dans la vie canoniale, soit pour y servir de modèle à ceux que Dieu appelle à ce saint état, soit pour s'y préparer à sa vocation définitive. Ainsi Dominique de Guzman, avant de se vouer à la conversion des Albigeois, passa neuf ans parmi les chanoines d'Osma, « semblable à un flambeau ardent, le premier de tous en sainteté, le dernier par l'humilité du cœur, répandant autour de lui un parfum semblable à celui de l'encens aux jours de l'été » *(B. Jourdain de Saxe).*

Mais en outre, ce temps devait être utile à Jean-Baptiste de Rossi, comme préparation à son apostolat. En effet, l'office canonial est « l'Œuvre de Dieu » Opus Dei, non seulement si on le considère comme culte rendu par l'homme au Très-Haut, mais si l'on

[1] Gratia Dei sum id quod sum et gratia eius in me vacua non fuit (I, Cor. xv, 10).

apprécie la qualité des secours célestes qu'il obtient à l'homme pour comprendre et continuer l'« Œuvre divine » de la Rédemption [1]. Les mystères que rappelle l'office divin, les fêtes qu'on y célèbre, les rites qu'on y accomplit, l'autel en face duquel on passe tant d'heures, font mieux connaître le domaine suprême de Dieu sur toutes choses, la dignité de l'homme, la laideur du péché ; ils indiquent par là au prêtre le point de vue vrai pour juger sainement des choses terrestres, et lui ouvrent la source des grâces pour les sanctifier toutes. Les travaux humains accomplis dans le cours des siècles, en vue de remédier aux plaies de l'humanité, s'ils se font en dehors de cette lumière directrice sont des agitations vaines ; isolés de cette fontaine de vie ils sont des canaux desséchés. Heureux celui qui cherche cette suprême sagesse, il verra sûrement tous les biens lui venir avec elle [2].

Jean-Baptiste de Rossi, en se consacrant à l'office divin était donc, comme futur promoteur d'œuvres de miséricorde, à une excellente école, à l'école de Celui qui « par une

---

[1] Domine, Opus tuum, in medio annorum vivifica illud (Hab. III, 2).

[2] Venerunt autem mihi omnia bona pariter cum illa (Sap. VII, 11).

clémence populaire » [1] est descendu jusqu'à nous.

Quelle fut sa conduite pendant cette période de sa vie? Pour l'assistance aux offices du chœur, il était d'une ponctualité irréprochable; sa tenue immobile, son air recueilli, la modestie de ses regards le faisaient comparer quelquefois à une statue, mieux encore à un ange. Quoiqu'il observât très exactement les cérémonies, il n'y apportait rien de guindé; tout y était vrai, sincère, aisé, humble, grand. Quant à la psalmodie, bien que, depuis sa maladie au Collége Romain, sa voix eût beaucoup perdu, elle était, pendant l'office, douce et pieuse, capable en même temps de prendre de la force quand il s'agissait de modérer la précipitation du chœur avec ses suites inévitables, la confusion, l'indévotion, l'irrévérence pour le culte divin, le dommage pour la bonne édification; il le faisait modestement, sans se donner un air de correcteur.

Une fois cependant, son amour pour la dignité de l'office divin le fit sortir de son caractère réservé et condescendant. Pendant que le Chapitre se rendait en ordre de la sacristie au chœur pour les vêpres, un des chapelains ou auxiliaires se permit une ma-

[1] Populari quadam clementia (S. Aug.).

nière trop libre envers celui qui le précédait. Ce fut assez pour que notre Saint, qui faisait alors l'office de sacristain, le licenciât sur le champ. Divers membres du Chapitre s'interposèrent pour obtenir la grâce du délinquant, car il avait pour le chant ecclésiastique des aptitudes spéciales; tout échoua, et ce ne fut que longtemps après, quand il eut donné des signes manifestes de résipiscence, qu'il se vit réintégré dans son service.

Ce fait, et plus encore un autre, relatif à une certaine nomination capitulaire que le Serviteur de Dieu combattit énergiquement, et fit même échouer comme fortement suspecte de simonie, motivèrent un doute dans le procès de sa Béatification : « N'était-il pas tombé dans l'indiscrétion du zèle, défaut opposé à l'héroïcité de la vertu de prudence, et par conséquent à la vraie sainteté ? » Mais le défenseur montra que cette insistance et cette apostolique liberté, loin d'être répréhensibles, étaient en substance conformes aux exemples de plusieurs Saints. Que si, dans sa jalousie des intérêts divins, Jean-Baptiste avait mis à soutenir son sentiment trop de véhémence, la profonde humilité avec laquelle il fit ses excuses à ses collègues, fut une réparation de beaucoup supérieure à l'offense.

En définitive, cette effervescence passée, il résulta de l'affaire un double avantage: pour le collège des chanoines, l'acquisition d'un bon sujet, au lieu d'un autre plus qu'équivoque; et pour chacun d'eux personnellement, un grand acte d'édification, une estime croissante de Jean-Baptiste de Rossi leur collègue, si saintement jaloux de la beauté de la maison du Seigneur, et du lieu où habite sa gloire [1].

[1] Domine dilexi decorem domus tuae, et locum habitationis gloriae tuae (Ps. xxv, 8).

*Le chœur et le petit orgue
de Sainte-Marie in Cosmedin.*

DE ROSSI MÉDITE LA MORALE
DE SAINT-THOMAS, ET LA RECOMMANDE
AUX CONFESSEURS.

CHAPITRE VII.

Jean-Baptiste de Rossi redoute le ministère de la confession. — Il s'y applique cependant par déférence aux conseils reçus. — Etudes préparatoires. — Affluence des pénitents. — Son empressement à les accueillir. — Vol de sa montre. — Application à procurer l'intégrité de la confession. — Dieu lui révèle l'état des âmes et les fautes cachées. — Don de produire la contrition et la componction. — Ferme propos et fuite des occasions.

Il y avait quinze ans que Jean-Baptiste de Rossi était prêtre, quatre qu'il était chanoine, et il n'était pas encore confesseur. D'un côté, ce ministère l'attirait, comme application aux âmes des mérites du sang de Jésus-Christ, mais de l'autre, il s'en effrayait, à cause de sa frêle santé, et surtout de ses maux de tête, qui à certaines heures lui rendaient toute application impossible; puis il comprenait toute la gravité des intérêts divins traités au saint tribunal. Une circonstance fortuite mit fin à ses hésitations. Pour se rétablir d'une grave maladie, il s'était rendu à Cività Castellana, près de l'Evêque, Mgr Tenderini, son ami intime, mort en odeur de sainteté. Celui-ci, dans un épanchement de cœur, lui remontra tout ce qu'il gagnerait, avec son zèle ardent, s'il se consacrait au ministère de la confession : « Vous êtes un bon soldat, lui dit-il, mais sans épée, puisque vous n'avez pas les pouvoirs de confesseur ». Jean-Baptiste objecta, il fallait s'y attendre, l'insuffisance de ses forces et le caractère délicat, les responsabilités redoutables d'un tel office. Mais le prélat, sans nier la valeur de l'objection, l'exhorta à faire au moins un essai pendant sa convalescence, en donnant chaque jour au confessionnal un temps aussi restreint qu'il le voudrait. Comment repousser une proposition aussi modérée? Le Serviteur de Dieu, muni des pouvoirs de l'Evêque, fit donc l'essai proposé et, à sa grande surprise, il put entendre les confessions les plus compliquées, pendant plusieurs heures de suite, sans éprouver la moindre fatigue : preuve que le ciel voulait qu'il s'appliquât à ce bienfaisant ministère.

Cependant, de retour à Rome, il laissa passer deux ans encore avant de se livrer à la direction des âmes. Il voulait, bien qu'il eût reçu d'excellents principes de morale durant le cours de ses études de Saint-Thomas à la Minerve, se rendre plus familière la

science d'application pratique de ces principes
et celle de leur combinaison entre eux, qui
constitue une des ressources, mais aussi une
des difficultés du confesseur au saint Tribunal.
Il choisit donc, pour conférer sur la morale,
plusieurs prêtres éclairés qu'il appelait agréablement *ses Auditeurs*, par allusion aux officiers de ce nom, que s'adjoignent les grands
dignitaires de la Cour romaine, comme auxiliaires et conseillers dans les affaires les plus
épineuses. Il fréquentait aussi volontiers, à
l'Académie ecclésiastique, la réunion de chaque lundi, dont l'un des buts était la discussion des cas de conscience. Il se décida enfin,
après une telle préparation, à se présenter
à l'examen, âgé de 41 ans, et reçut dans la
forme la plus ample les pouvoirs de confesseur, le 17 juin 1739.

Aussitôt, son confessionnal fut assiégé;
une sorte d'aimant y attirait les âmes. On y
rencontrait des personnes distinguées, d'un
solide esprit chrétien, capables d'apprécier
sa direction et de la suivre. Il les accueillait
avec respect, à la condition cependant qu'elles
eussent la patience d'attendre leur tour, à
moins que les pénitents arrivés avant elles
ne leur cédassent la priorité. Mais, en général, il dissuadait les personnes de cette classe

de venir à lui: *Vous trouverez*, leur disait-il, *des milliers de confesseurs pour vous entendre; il n'en est pas ainsi des pauvres qui viennent à moi.* Il confessait donc surtout les gens du peuple, attirés à lui par sa piété, son humilité, sa charité; et, assisté d'une grâce évidente, il pouvait, malgré sa santé si délicate, donner à ce ministère sept, huit et jusqu'à onze heures continues. On eût dit que le travail augmentait ses forces, tandis que l'absence de pénitents, chose du reste de plus en plus rare, lui était à charge et lui rendait son mal de tête habituel.

S'agissait-il d'aller en ville confesser quelque malade, l'assistance divine était encore plus remarquable. Jean-Baptiste avait dans la marche une force, une promptitude qu'on n'eût pu attendre de son pauvre corps languissant, au point qu'il avait peine à se tenir debout. Un jour, un de ses amis le rencontrant lui manifesta sa surprise de le voir marcher de ce pas alerte: *Une personne gravement malade, m'attend à Saint-Gallican*, lui répliqua-t-il sans s'arrêter, *il faut bien se presser.*

Il avait soin de s'informer de l'heure la plus commode pour les pénitents, et il s'y adaptait ponctuellement, afin de ne pas manquer au rendez-vous. « *Peut-être*, disait-il, en rappelant la réflexion du B. Jean d'Avila, *peut-être Dieu veut-il la conversion de tels et tels pécheurs, moyennant notre industrie ; donc, tant que nous aurons un souffle de vie, il faut répondre à leurs avances.* Un jour, il rencontra sur la place de Saint-Pierre un homme qui désirait lui ouvrir son âme, et ils convinrent de l'heure. Ne l'ayant pas vu venir au temps fixé, il fit une vraie battue dans tous les quartiers de la ville, et n'eut de repos qu'après avoir enfin retrouvé son pénitent retardataire.

Ceux qui avaient soin de sa santé le pressaient-ils, après une longue séance, de renvoyer au lendemain les derniers venus des pénitents, il répondait : *Pauvres gens, ils sont accourus de très loin pour se confesser, qui sait si, ne pouvant le faire aujourd'hui, ils reviendraient demain?* En effet, il lui arrivait des pécheurs, non seulement des plus lointaines provinces d'Italie, mais d'Espagne, de Portugal, d'Allemagne, de Pologne. Interrogés sur le motif qui les avait conduits, ils répondaient: *Certains compatriotes, à leur retour de Rome, nous ont raconté qu'il s'y trouvait un saint prêtre, tout charité, qui délivrait du péché, et nous nous sommes dit: allons le trouver.*

Il est vrai que des gens indiscrets pouvaient profiter de cette charité pour venir au confessionnal lui demander des secours; il avait pour maxime de refuser, mais il n'en persistait pas moins à bien accueillir tout le monde. C'est grâce à cet accès facile qu'un escroc, venu à lui avec un air contrit, lui vola sa montre, cadeau, on s'en souvient, d'un de ses amis, et régulatrice fidèle de ses exercices de piété. Il se contenta de dire sans s'émouvoir : *Peut-être cet homme en avait-il besoin.* Moins résignés que lui, ses compagnons avertirent la police dont le lieutenant appelé Tarisse vint l'interroger, mais en vain. Il répondait d'une manière évasive : *Quelqu'un l'aura prise.* Un double motif lui fit observer cette réserve: il ne voulait pas qu'à cause de lui un infortuné fût molesté; en outre, le vol ayant eu lieu à l'occasion de la confession, bien que feinte, il voulait étendre à ce simulacre son respect pour le secret divin. Il avait assisté, en 1727, à la canonisation de saint Jean-Népomucène [1], chanoine comme lui, et s'ef-

---

[1] Elle fut prononcée solennellement par Benoît XIII, dans la basilique de Saint-Jean de Latran, en la fête du Patriarche saint Joseph, 19 mars 1727. Trente-sept Cardinaux signèrent après lui la Bulle, le jour même. Le Pape y loue, non seulement le courage du saint chanoine à maintenir l'inviolabilité du secret sacramentel, mais ses autres

forçait de suivre de près les traces de ce grand modèle des confesseurs. Une de ses bienfaitrices, la duchesse Strozzi, ayant su l'aventure, lui offrit une nouvelle montre et il l'accepta; mais bientôt, la trouvant trop riche, il l'échangea contre une autre plus modeste qui avait l'avantage, rare à cette époque et précieux pour lui, vu son amour de la régularité, surtout du lever matinal, d'être munie d'un réveille-matin.

Cependant, en fait de confession, il y a moins à regarder le nombre, que la qualité et les bons résultats. Quelle était, pour ainsi dire, la tactique de Jean-Baptiste de Rossi afin de les obtenir?

S'agissait-il de pénitents enfoncés depuis longtemps dans le vice, la perspective des difficultés, réelles en elles-mêmes, grossies encore par l'imagination, pouvait les troubler et les faire reculer. En sage directeur, en véritable père, il commençait par leur inspirer confiance; et dans ce but, il répétait à satiété la maxime de saint François de Sales, que *la misère humaine est le trône de la divine miséricorde.*

vertus sacerdotales, particulièrement son zèle à prêcher la parole de Dieu et la haute idée qu'il avait de la pureté de conscience requise pour célébrer la sainte Messe. — Quelques années après, en 1731, fut érigée à saint Jean-Népomucène la statue que l'on voit encore à l'entrée du *Ponte-molle.* Elle est du sculpteur Cornacchini.

Une fois entré dans les secrets de la conscience, quel triste spectacle s'offrait à ses yeux, lui que la seule idée du péché troublait et faisait trembler! Que de mystères d'iniquité, que de plaies variées et profondes! Son premier souci était que l'infortuné pénitent se débarrassât complètement du venin qui l'avait réduit à la mort. Il n'omettait donc aucun soin pour assurer l'intégrité de la confession. Il savait parfaitement que l'intégrité morale ou formelle suffit à elle seule, quand l'intégrité matérielle ou absolue ne peut s'obtenir, mais il était loin de se prévaloir de cette distinction pour traiter l'intégrité matérielle comme une condition sans importance et dont il siérait à un esprit large de faire peu de cas. Se contenter d'une investigation sommaire et approximative eût été sans contredit plus commode, mais la loi du plus commode n'était pas la sienne; il cherchait le règne de la loi de Dieu. Quelque pénitent venu de loin avait-il besoin, pour régler à fond toutes choses, de prolonger son séjour à Rome au delà de ses prévisions et de ses ressources, le Saint aimait mieux pourvoir aux frais supplémentaires que de faire un travail incomplet. Il s'était composé, du reste, pour explorer plus à fond et plus brièvement les consciences, une sorte d'itinéraire et de méthode que, sur les instances de quelques amis, il leur dicta avec une admirable clarté. Il disait, appuyé sur son expérience, que les grands pécheurs qui reviennent à Dieu ont souvent la conscience moins embarrassée que beaucoup de ceux qui fréquentent de temps en temps les sacrements et s'en font une routine.

Cette grave préoccupation de l'intégrité le portait à conseiller souvent aux pénitents, tombés dans l'oubli de Dieu, une confession générale, particulièrement dans les missions, quand il y prêtait son concours. On comprend qu'il devait, dans ce genre de confession, faire presque tout le travail, non sans y dépenser beaucoup de temps et d'efforts. Etudiant avec son regard expérimenté la physionomie de son malade spirituel, et pressentant déjà quelle serait la meilleure manière de le traiter, il scrutait avec ordre les principales époques de sa vie, les principaux points sur lesquels il pouvait être coupable, afin d'extraire, pour ainsi dire, une à une ses iniquités. Ce tour de l'âme ainsi achevé, loin de se sentir absolument rassuré, il revenait sur les chapitres qui lui semblaient les plus suspects; Dieu lui avait donné pour le faire une sorte de divination.

C'est ainsi qu'un pénitent interrogé par lui sur un péché des plus énormes, après avoir protesté à plusieurs reprises qu'il ne l'avait jamais commis, vaincu par les charitables instances du confesseur, finit par s'en avouer coupable. Un autre, à qui il demandait, à la fin de la confession, s'il n'avait plus rien à avouer, répondit carrément que non; mais quelle stupeur quand il entendit le confesseur lui signaler, avec les circonstances les plus précises, un péché commis depuis plusieurs années, sans qu'il l'eût jamais déclaré! Il se rendit de bonne grâce, reçut le pardon et fut reconnaissant toute sa vie.

Précisément parce que le Saint constatait les heureux résultats de ces revues complètes, il disait aux prêtres qui le fréquentaient : *Si vous rencontrez quelqu'un qui désire faire une confession générale, et si vous ne voulez pas vous mettre à l'œuvre, envoyez-le moi.* C'est ce que fit le Prévôt d'une petite ville qui l'avait appelé pour la sanctification de son peuple ; mais le pénitent envoyé par lui ne pouvait se frayer un chemin, tant la foule désireuse de se confesser était nombreuse et compacte. Or, voici le Saint qui, sans avoir rien pu observer ni connaître, sort la tête de son confessionnal et dit de loin, à haute voix :

Laissez passer l'homme envoyé par le Prévôt. On lui fait place, il se confesse, et assure à la fin qu'il a absolument tout dit. *Et les péchés commis dans tel pays, qu'en faites-vous?* lui réplique alors gravement Jean-Baptiste. De science humaine, il ne pouvait connaître ni l'homme, ni le pays en question; mais il avait en lui le Dieu qui scrute les reins et les cœurs, et qui s'était plu à l'éclairer pour le salut éternel d'une âme.

O profondeur des conseils divins! *Le Seigneur a pitié de qui il veut et laisse s'endurcir qui il veut* [1]. Prêchant dans la même église, Jean-Baptiste, après s'être tourné d'un certain côté de l'auditoire, s'écria: *Et pourtant il y a ici un pécheur qui ne veut pas faire la confession générale, bien qu'elle soit nécessaire pour lui! S'il s'y refuse, il n'aura plus le temps, car il sera saisi par la colère de Dieu.* De ce côté, se trouvait un homme d'âge avancé, qui vint ensuite trouver le Prévôt et lui dit: *Avez-vous entendu, Monsieur le Prévôt? C'est pour moi que cela a été dit.* Pressé donc d'obéir à la grâce puisqu'elle l'éclairait, il répondit obstinément: *C'est impossible.* Or le lendemain, l'infortuné, pendant qu'il travaillait dans un de

[1] Cuius vult miseretur et quem vult indurat (Rom. IX, 18).

ses champs, tomba mort au milieu d'un sillon, sans avoir même le temps de dire Jésus.

L'intégrité de l'accusation n'était pas toutefois l'unique préoccupation du clairvoyant et zélé confesseur, il s'appliquait plus encore à produire la componction du cœur, et il avait pour cela une grâce, une puissance singulières. C'est ce dont ne se rendaient pas assez compte ceux qui lui reprochaient de donner du premier coup l'absolution aux grands pécheurs, tandis qu'à leur avis, par prudence et en règle générale, il faut les faire revenir au moins une seconde fois. Jean-Baptiste savait fort bien l'absolue nécessité de la contrition, mais il avait le don de la produire dans les cœurs à un degré merveilleux, pleurant lui-même avec ceux qui pleuraient à ses pieds. Ses collègues et les serviteurs mêmes de la maison avaient lieu de le constater lorsque, pendant ses maladies, les pénitents accueillis par lui sortaient si contrits de sa chambrette, qu'ils remplissaient le corridor de leurs aspirations à Dieu, de leurs sanglots, et aussi des témoignages de leur vive reconnaissance pour celui qui leur avait rendu la paix, la vie, le bonheur.

Cependant, la componction, si intérieure et si démonstrative qu'elle soit, sera toujours imparfaite et insuffisante si elle n'est accom-

pagnée du ferme propos et de la volonté réelle
de fuir les occasions, autant que cela est possible et nécessaire. L'heureuse influence de
Jean-Baptiste de Rossi sur les volontés comme
sur les cœurs, se manifestait par l'énergique
résolution des pénitents de sacrifier tout ce
qui aurait pu entraver leur persévérance.

En voici un exemple entre mille. Un
pêcheur, venu de loin pour se décharger du
fardeau de ses iniquités, avoue qu'il tient
encore dans sa demeure la créature séduc-
trice, occasion principale de ses désordres,
et il s'entend déclarer qu'il doit absolument
la quitter. La réponse est dure, il se livre
dans le cœur du pénitent un vif combat, mais
comment résister aux avertissements et aux
instances d'un tel confesseur? Il sort, prend
une voiture rapide, arrive à l'improviste chez
lui, congédie sans discussion la complice de
ses fautes, et, avec la même promptitude
revient à Rome, le cœur léger, pour recevoir
l'absolution.

Un homme d'âge mûr, palefrenier dans
une maison princière, s'était laissé enchaîner
par le vice; invité par un prêtre à se confesser, car il était très malade, il répondit :
*Mes habitudes sont trop invétérées; les mis-
sions du célèbre P. Léonard de Port-Mau-*

rice n'ont pu elles-mêmes les vaincre ; il faut que je me résigne à tomber en enfer. A cette réponse, le confesseur frémit ; mais, sans se décourager, il fit de nouvelles instances. *Inutile*, répliquait le malade, *pour que je me confesse il faudrait que Dieu eût créé un confesseur exprès pour moi.* — *Soit*, répartit le prêtre, *je connais un confesseur créé par Dieu pour vous, le chanoine de Rossi.* En effet celui-ci vint, se fit accepter, et une bonne confession eut lieu. C'en était fait, le penchant tyrannique était vaincu ; et le malade ayant recouvré la santé du corps, non seulement persévéra, mais gagna plusieurs âmes à Dieu par le récit de sa propre conversion.

Une autre manière de faire disparaître l'occasion du péché, c'était de légitimer des unions coupables. Jean-Baptiste mettait à ce ministère une sollicitude prodigieuse. D'abord, il faisait tout pour disposer les concubinaires à donner leur consentement, traitant, par convenance, la question avec l'homme ; puis il écrivait ou faisait écrire pour avoir leurs papiers, payait les frais, et se rendait même au Saint-Office pour obtenir la permission de remplacer, par le serment supplémentaire des futurs époux, les pièces canoniques que l'on désespérait d'obtenir, ou pour demander les autres dispenses nécessaires, car souvent il y avait quatre ou cinq empêchements à la fois. Le mariage fait, il s'arrangeait pour assurer aux nouveaux époux, souvent très avancés en âge, une petite somme qui les aidât à ne pas trop sentir la misère : *Les pauvres!* disait-il agréablement, *cela leur servira de dot.* Il régularisa par jour, en moyenne, a-t-on calculé, de quatre à cinq de ces cohabitations scandaleuses, de sorte qu'il fit au total environ dix mille de ces mariages; ce serait donc, de ce seul chef, vingt mille chrétiens et chrétiennes remis en grâce avec Dieu!

Saint Jean-Népomucène.

SAINT JEAN-BAPTISTE, PRÉCURSEUR.
« VOICI L'AGNEAU DE DIEU, VOICI CELUI QUI EFFACE
LES PÉCHÉS DU MONDE ».

CHAPITRE VIII.

Maintien et développement des bienfaits de la confession par la direction des âmes. — Comment saint Jean-Baptiste de Rossi travaille dans ce but. — Merveilleux résultats obtenus. — Le vénérable Jean-André Parisi. — Dispense du chœur accordée au Saint pour qu'il puisse s'adonner plus assidûment au ministère des âmes. — Cette dispense lui attire une persécution inattendue. — Belle vengeance qu'il en tire.

Certains prêtres, frappés des responsabilités du confessionnal, avouérent un jour devant Jean-Baptiste de Rossi qu'ils se tiendraient pour satisfaits de n'y avoir ni gagné ni perdu ; l'homme de Dieu répondit : *Quant à moi, éviter de perdre, ne saurait me contenter ; je m'emploie à l'administration de ce sacrement avec la confiance de recevoir un jour, pour les mérites acquis, une ample récompense.*

Ces mérites de l'office de confesseur ne consistaient pas seulement, selon Jean-Baptiste, à bannir des âmes le péché grave ; il le savait, le ministre de Dieu est constitué *pour arracher et détruire, édifier et planter* [1], procurer, en un mot, le progrès des âmes dans la vie chrétienne.

Le sacrement de pénitence est alors, moins une *planche après le naufrage*, qu'une navigation vers des plages fertiles en vertu; moins un *baptême laborieux*, qu'une communion aux perfections et aux sentiments de Jésus-Christ [2]. Jean-Baptiste de Rossi réalisait pleinement, en tendant à ce but, la parole adressée à la foule par le Précurseur, son illustre patron : *Faites de dignes fruits de pénitence* [3]. C'étaient des fruits dignes de Dieu, des fruits dignes du zèle de son ministre, des fruits dignes des âmes de bonne volonté, qui donnaient à celui-ci leur confiance.

Déjà le simple ministère de la confession, à cause des soins qu'il y apportait, était, pour ses pénitents, une garantie de progrès sérieux dans la perfection chrétienne. Après que l'âme avait été si bien examinée, scrutée, purifiée, pénétrée de componction, comment n'aurait-elle pas éprouvé ce bien-être moral, cette reconnaissance, ce rajeunissement, cette faim

---

[1] Ecce constitui te hodie super gentes, et super regna ut evellas, et destruas , et disperdas, et dissipes, et aedifices et plantes (Ier. j, 10).

[2] Hoc enim sentite in vobis quod et in Christo Jesu (Phili. ii, 5).

[3] Facite ergo dignos fructus poenitentiae (Luc. iii, 8).

et soif de la justice, cette noble ambition de réparer le passé et de dédommager Dieu, qui sont des gages d'avancement?

La puissance de ses exhortations, si simples qu'elles fussent en apparence, venait ajouter à ces heureuses dispositions une force de plus. Il n'avait pas besoin de longs discours pour remuer les cœurs. Un retraitant, après s'être complètement ouvert à lui, en reçut, pour toute morale, ces seuls mots: *Allons, excitez-vous à un vrai repentir et demandez au Seigneur pardon de vos fautes.* Ce fut assez pour provoquer chez lui des larmes si abondantes, une telle émotion, qu'il lui eût été impossible de dire un mot. Le confesseur attendit donc un peu pour l'absolution; mais voyant que les larmes de componction ne tarissaient pas, il finit par la donner, et le pénitent dut ensuite rester là quelque temps, immobile, tant il était saisi, pénétré et consolé.

Mais ce n'était pas seulement dans l'acte de la confession, que ses exhortations avaient cette vertu pénétrante et sanctifiante; longtemps après, ses pénitents se les rappelaient, comme s'ils les eussent entendues hier, et ils les redisaient à d'autres: ainsi le bien qu'il opérait était permanent et progressif. Il avait soin aussi, pour mieux assurer ce bien, de faire embrasser, même aux artisans et aux personnes du peuple, l'usage de la confession périodique et fréquente. Grâce à cet ensemble de soins, sans avoir un grand nombre de directions suivies, sa vocation étant tout autre, le progrès des âmes dont il s'occupait, plus ou moins rapide, était presque toujours assuré, glorieux à Dieu, consolant pour son représentant. Ceux qui s'étaient adressés à lui, même en passant, formaient une véritable école, et se faisaient remarquer en tout lieu par leur intelligence de la perfection chrétienne et leur zèle pour le bien des âmes.

En voici un exemple extraordinaire. Le Saint, se trouvant sur la voie d'Ostie, près de l'oratoire où, selon une tradition, saint Pierre et saint Paul se dirent adieu, rencontra un homme à l'aspect affreux, les vêtements en désordre, semblable à quelqu'un qui médite un projet sinistre. Il s'approcha de lui sans pouvoir en tirer un mot; enfin pourtant, à force de bonnes manières, il lui fit avouer que, poussé par le désespoir, il était sur le point de se jeter dans le Tibre. Son premier soin fut de ranimer la confiance en ce malheureux, puis il le disposa à se confesser et ensuite il le perdit de vue. Mais quelle douce surprise, lorsque plus tard il reçut de lui une lettre datée d'une région lointaine et infidèle! Le nouveau converti s'était rendu, quelque temps après, dans ce pays pour y travailler à la propagation de la foi; la vocation sacerdotale s'était révélée en lui et il priait son bienfaiteur de lui procurer les lettres démissoriales, pour l'ordination. Elles lui furent expédiées vite, et devenu prêtre grâce à elles, il travailla depuis lors en véritable apôtre.

Les personnes qui progressèrent dans la vertu sous la direction de Jean-Baptiste, ou du moins par la bonne influence qu'il exerça sur elles, sont nombreuses. Nous citerons seulement ici le Vénérable Jean-André Parisi, prêtre romain, qui avait comme lui suivi le cours de Saint Thomas à la Minerve [1], et sur les vertus duquel il fit une déposition juridique. Après y avoir mis en lumière le zèle du Serviteur de Dieu pour l'assistance des pauvres, sa tendre piété envers Marie, sa dévotion à la Sainte Eucharistie, surtout

---

[1] C'est le motif qu'allegua le P. Joseph Sanvito, Vicaire Général de l'Ordre des Frères-Prêcheurs, pour demander au Saint-Siège l'introduction de la cause: *Eo magis ad hanc petendam gratiam adducor, quod Servus Dei in hoc Minervitano S. Thomae Collegio Theologiam in inventute per sexennium audierit, et in doctrina Angelici Doctoris apud nostros fuerit eruditus* (2 febr. 1879).

dans les jours d'adoration perpétuelle, il ajoutait : « Quoique Dom André fût suffisamment instruit, il craignait d'être inexact en faisant l'exposé des mystères de notre sainte religion, et ordinairement, l'explication finie, il m'interrogeait pour savoir s'il s'était trompé. Vivant dans une rare pureté de cœur, il se confessait néanmoins tous les jours, après s'être très soigneusement préparé ; et c'était pour lui un déplaisir d'être alors dérangé. J'en fis un jour l'expérience ; pendant qu'il s'excitait à la contrition, je vins lui parler d'une chose relative à nos exercices ; il me fit remarquer, sans perdre la paix cependant, que j'aurais pu m'abstenir de l'interrompre ». Ce saint prêtre mourut à trente-cinq ans, riche d'œuvres apostoliques, sans cependant avoir jamais reçu les pouvoirs de confesseur. On aurait craint, eu égard à sa candeur d'âme, que la vue des dépravations du cœur humain ne souillât en quelque sorte son innocence et ne lui causât une excessive tristesse.

Pour faire du bien à tant de personnes et sous tant de formes, il fallait à Jean-Baptiste, non seulement de la charité, mais du temps. Au début, il tâcha de combiner son apostolat avec ses devoirs de chanoine, arrivant de bonne heure à l'église pour les confessions; il portait en hiver une petite lanterne pour voir son chemin. Mais à mesure que le travail augmentait, le vaillant ouvrier devenait insuffisant à cette double tâche. Sur la fin de juillet 1739, Clément XII lui accorda la faculté de laisser les offices du chœur, quand il serait occupé durant ce temps au confessionnal, faculté qui fut confirmée par un Bref perpétuel de Benoît XIV, le 27 mai 1743. Il s'attacha donc avec un redoublement d'assiduité et de ferveur à son ministère, priant les prêtres qui venaient dire la messe de célébrer de préférence à l'autel du T. S. Sacrement, près duquel était son confessionnal. Non seulement il pourrait ainsi, tout en confessant, s'unir de cœur au Saint-Sacrifice, mais ses pénitents, presque tous gens de travail, pressés de revenir à leur tâche, auraient plus grande facilité pour faire sans délai la Sainte Communion. Lui-même, s'il n'y avait pas de Messe, quittait un instant le confessionnal et distribuait l'Eucharistie. Les confessions entendues, pour peu qu'il lui restât de temps libre, il retournait sans retard se joindre à l'office choral; c'était pour lui le meilleur des repos.

Mais ce Bref Apostolique, si légitime et si bien utilisé qu'il fût, attira à Jean-Baptiste

une croix inattendue. Un des chanoines appelé Tosi, homme pieux mais irascible, et d'une
humeur chagrine qui peut lui servir d'excuse,
s'indigna de cette mesure; tantôt il l'incrimi-
nait comme extorquée, et taxait de complicité
les autres chanoines; tantôt il se plaignait
du trouble apporté dans les offices par cette
exemption. On ne saurait se figurer avec
quelle vivacité il se laissait aller publiquement,
contre le Saint, à des paroles impolies, inju-
rieuses, humiliantes. Celui-ci, après chaque
scène en avait la fièvre, étant d'un caractère
noble, ardent, très sensible à l'injustice et aux
procédés insultants. Cependant il ne répliqua
jamais et, même avec ses collègues indignés,
il ne se permit pas une plainte, quoique les
invectives se renouvelassent souvent. C'était
au contraire une habitude chez lui, nous
l'avons remarqué, de montrer de la joie quand
on parlait bien de ses insulteurs.

Dieu, qui avait permis ces insolences pro-
longées pour la sanctification de son Serviteur, y mit fin d'une manière digne de son
divin Cœur. Le chanoine persécuteur tomba
malade, précisément par suite de son tempérament bilieux, et cette maladie l'éprouva assez
longtemps. Mais il voyait un prêtre aux
manières délicates et aimables, aux paroles

surnaturelles et réconfortantes, venir assidûment le visiter dans son triste état; c'était Jean-Baptiste. Tant de charité de la part de son persécuté d'hier lui remplit l'âme de confusion d'abord, puis d'admiration et de reconnaissance. Il prit Jean-Baptiste pour directeur spirituel, le voulut pour soutien à l'heure suprême, et fit entre ses bras une mort édifiante.

Voilà la vengeance des Saints!

P. François-Marie Galluzzi, S. J.
premier directeur de
J.-B. de Rossi.

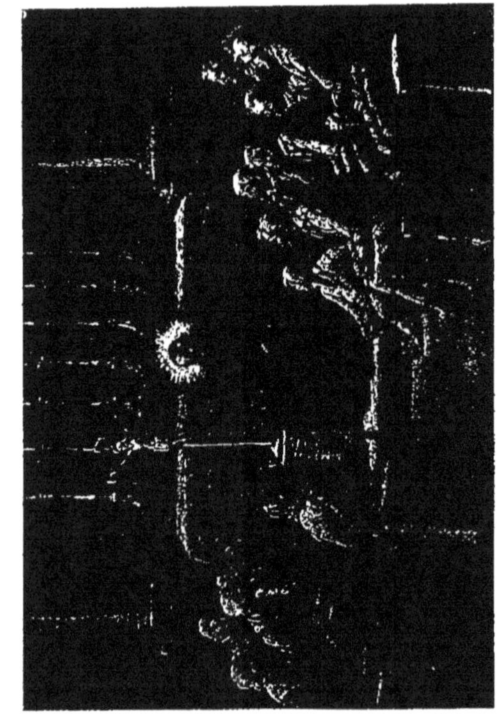

JEAN-BAPTISTE FAISANT LE CATÉCHISME.

CHAPITRE IX.

Importance de l'enseignement du catéchisme. — Zèle des
Papes, en particulier de Benoît XIII, pour le faire
donner régulièrement et soigneusement à Rome. —
Démarches de saint Jean-Baptiste de Rossi près de
Benoît XIV pour remettre cet enseignement en honneur
et en améliorer la forme. — Organisation adoptée. —
Conseil de direction. — De Rossi prête un puissant
concours. — Méthode qu'il suit. — Excellents résultats.

L'enseignement du catéchisme aux enfants
est un des devoirs les plus importants, une
des consolations les plus douces du prêtre de
Jésus-Christ. Il s'y applique, avec un art tout
divin, à présenter les dogmes sous une forme
simple et brève mais juste, les accompagnant
de comparaisons et d'explications familières,
qui en mettent en relief la sainteté, la beauté,
la douceur. Dans cet exposé, les motifs de
crédibilité, malgré la simplicité de leur exposé,
n'en sont pas moins sérieux; aussi l'acte de
foi qui se produit ensuite, est-il en même
temps l'acte d'un être raisonnable et l'acte
d'un être religieux, s'inclinant humblement
devant les oracles de la révélation. Un tel

enseignement, sans doute, a ses épines, mais quelle joie ensuite de voir ces chères âmes, fleurs à peine écloses, s'épanouir au soleil de la vérité, ces pages, encore blanches, recevoir si parfaitement l'empreinte des exemples de Jésus Rédempteur! A mesure que les jeunes disciples, dociles et avides, regardent l'ensemble de nos mystères et en goûtent l'harmonie, un sens chrétien simple et profond les leur rend plus chers, et il en résulte un attrait précoce à en réaliser les maximes austères. Ils sont parvenus, dès l'aurore de la vie, à l'état qu'on rencontre dans le philosophe blanchi par la spéculation, lorsque, désillusionné du rationalisme, dégoûté d'une vague religiosité, et devenu croyant, il écoute le catéchisme d'une oreille ravie, quelquefois avec des larmes d'attendrissement.

On comprend donc que les Papes, si appliqués qu'ils soient à l'exercice du magistère suprême dans l'Eglise entière, se soient montrés particulièrement soucieux de voir, dans leur ville de Rome, le Catéchisme fait avec le plus grand soin, non seulement aux enfants, mais même aux adultes qui n'avaient pas reçu dans leur enfance, ou avaient oublié depuis, l'instruction religieuse, chose malheureusement trop commune.

Benoît XIII, en digne fils de Dominique, avait rédigé lui-même et publié, par son Cardinal Vicaire, Fabrizio Paulucci, un Mandement où l'on rappelait aux prêtres ayant charge d'âmes le devoir rigoureux, énergiquement affirmé déjà au Concile de Trente, d'éclairer leurs fidèles « par des instructions courtes, d'un style aisé, intelligible et à la portée de tous ». Et le Mandement ajoutait : « L'intention de Sa Sainteté est que l'instruction du peuple n'empêche point l'Office divin, mais qu'elle se fasse avant ou après, ou dans quelque chapelle entièrement séparée. Les pasteurs doivent en outre bien remarquer qu'ils ne satisferaient point à ce précepte en faisant le catéchisme seulement les jours de fêtes, car le saint Concile distingue entre ces deux devoirs, l'instruction par la prédication, et le catéchisme ; ce dernier est pour les enfants, tandis que la prédication est pour les adultes : le Concile ordonne clairement et séparément l'un et l'autre » [1].

Mais ces sages et paternelles mesures, étaient tombées en désuétude. Chez certains ecclésiastiques, il y avait plus que de l'oubli ; ils affectaient un incroyable dédain pour l'apo-

---

[1] Sess. v, cap. II ; sess. XXII, cap. VIII ; sess. XXIV, cap. IV et VII.

stolat par le catéchisme, bon tout au plus, leur semblait-il, pour les recteurs des églises, pédagogues de l'enfance, mais incompatible avec la dignité actuelle ou les grandes aspirations des autres. N'était-ce pas assez, du reste, pour vivre en ecclésiastique sans reproche, de dire le bréviaire et de célébrer la Messe?

Cependant le feu sacré se cachait dans le cœur de notre saint prêtre, nouveau Néhémie, n'ayant, il est vrai, pour l'enseignement du catéchisme, ni députation officielle, ni devoir de conscience, absorbé d'ailleurs par les plus graves occupations, mais pressé par la charité du Christ.

Constatant mieux chaque jour, par son contact avec le peuple, ce qu'avait d'étendu et de funeste la plaie de l'ignorance, il eut la pensée de contribuer à l'établissement d'un cours de catéchisme pendant les trois dernières semaines du carême, comme préparation à la Communion pascale, et il alla soumettre sa pensée à Mgr de Rossi, Vice-gérant du Pape pour la ville de Rome, promu plus tard au cardinalat. Celui-ci ne donna d'abord aucune suite à la proposition; mais Jean-Baptiste de Rossi, loin de se décourager, revint à la charge, et avec de telles instances, que le prélat en parla au Souverain Pontife. On sait le coup d'œil juste, l'esprit pratique, le caractère prompt et résolu de Benoît XIV; il accueillit chaleureusement cette pensée et voulut que l'initiateur du projet en fût aussi l'organisateur. L'humble de Rossi fut donc obligé de mettre par écrit son programme, afin qu'ayant la sanction Pontificale, il servît de règle. Pour préparer le plan de cette croisade pacifique, chaque année, un peu avant d'entrer en campagne, on tenait un conseil composé des prêtres les plus compétents. Là, on choisissait les églises, les heures, les catéchistes, de façon à mettre dans l'enseignement une certaine variété, chose si agréable au peuple, et à répartir successivement aussi cette source de grâces entre les divers quartiers. Jean-Baptiste assista toujours très ponctuellement à ces conseils, même quand l'épuisement de ses forces lui interdit de faire les catéchismes. Il voulait apporter son concours, au moins de cette manière, et gagner sa part dans les bons résultats. Ce ne fut, du reste, qu'à la dernière extrémité qu'il se résigna à ne plus payer de sa personne.

Pendant longtemps, les églises les plus importantes lui furent tour à tour confiées, tant sa parole était appropriée au but et bénie de Dieu. C'est qu'il s'y préparait par de ferventes prières ; il avoua lui-même à un prêtre qui le rencontra près de Saint-Pierre, au moment de l'ouverture des catéchismes à Saint-Esprit in Sassia, qu'il venait précisément se recommander aux Saints Apôtres, colonnes de la foi, lumières du monde, pour s'acquitter dignement de sa mission. « *Le catéchisme*, disait-il avec un sens pratique profond, *c'est plus qu'un carême* ».

Dans son explication, il insistait d'une manière spéciale sur les mystères fondamentaux, essentiels pour le salut, puis sur les conditions nécessaires à la digne réception des sacrements de Pénitence et d'Eucharistie pour qu'ils produisent leurs fruits : telles avaient été les recommandations du Souverain Pontife, et elles émanaient d'une profonde sagesse. Quel est, en effet, le résumé de la vie chrétienne indispensable à tous, même aux plus simples et aux plus incultes, pour qu'ils deviennent capables de la béatitude céleste ? C'est la foi opérant par la charité. Or, que sont les principaux mystères de notre religion, sinon les bases, le résumé de la foi ? Et de quelle source sort principalement la sève de la grâce, l'abondance de la charité, sinon de la confession et de la communion ?

Après l'explication des divers articles du catéchisme, Jean-Baptiste faisait réciter par tout l'auditoire les Actes de foi, d'espérance et de charité, suivis de quelques autres, qu'il variait selon les circonstances et les fêtes. Alors, rompant à ses enfants, comme une bonne mère, le pain substantiel de l'âme, il disait le premier, à haute voix, chaque membre de phrase, et tous le répétaient, sans que cet exercice eût rien de commun avec l'acte machinal des écoliers qui épellent leur leçon. Il faut dire que le Saint prononçait les paroles avec un accent de foi si convaincu, souvent même avec un attendrissement de dévotion si touchant, qu'on sentait passer sur l'assemblée comme un souffle de l'Esprit de Dieu.

Un prêtre de ses intimes, reconnaissant en lui un don spécial pour l'explication populaire des vérités de la foi, le pria de lui dicter une instruction sur ce sujet. Il se rendit volontiers à ce désir et intitula son travail : *Explication des choses les plus nécessaires à savoir pour un chrétien.* Sans autre préparation que la prière, sans tenir en main ni livre ni notes, il développa ses pensées sous forme de dialogue, avec une telle promptitude, que celui auquel il dictait, avait peine à le suivre.

Cet attachement à la saine doctrine lui donnait une aversion instinctive pour tout ce qui eût pu l'altérer. Ayant su qu'un livre rédigé sous forme de catéchisme, renfermait des choses fausses, rendues plus dangereuses par l'élégance du style, il s'en montra extrêmement affligé et alla prier à Saint-Pierre pour la cessation du scandale. Le livre fut condamné, et il en éprouva une telle joie, qu'il donna aussitôt à un serviteur l'argent nécessaire pour acheter à l'imprimerie officielle, dite *Camerale*, un exemplaire du décret [1]. Il étendait à toutes les études théologiques cette sollicitude pour la doctrine précise et pure. La méthode académique cherchait, de son temps, à supplanter la scolastique : *Cela*, redisait-il avec tristesse, *fait le compte de l'enfer*.

Ce n'était pas seulement à l'époque fixée par l'édit Pontifical que Jean-Baptiste s'appliquait à l'œuvre des catéchismes. S'il par-

---

[1] Clément XIII par son Bref *Cum inter*, du 14 juin 1761, condamna l'*Exposition de la doctrine chrétienne* publiée en italien et traduite en français. Ému du danger que couraient les fidèles, il ordonna alors une réédition du *Catéchisme romain*, dû principalement au zèle de S. Pie V, et en fit faire une traduction italienne (Voir l'ouvrage de François Gusta *Sur les catéchismes modernes, Essai critico-théologique*).

ticipait à quelque mission, entre les exercices divers qui y sont en usage, l'explication du catéchisme était le lot qu'on lui confiait de préférence, le sachant conforme à ses aptitudes et cher à son cœur. Quand les exercices devaient se terminer par une communion générale, chargé de faire l'exhortation qui la précédait, pour donner la dernière main au travail de la grâce, la dernière impulsion aux bonnes dispositions des cœurs, au lieu de s'inspirer de pensées mystiques, supérieures à la portée de l'auditoire, il faisait, sous forme d'actes préparatoires, un vrai catéchisme sur les dispositions les plus convenables aux communiants. Ce n'était pas toutefois d'une manière didactique et froide, mais en termes tour à tour tendres et enflammés. Ils jaillissaient naturellement de son cœur à l'issue d'une retraite laborieuse, couronnée par les plus abondantes bénédictions du ciel.

Belles fêtes que celles-là! tous ceux qui en ont joui, à quelque âge de la vie que ce soit, peuvent le dire, et longtemps elles continuent dans leur âme. Une douce lumière y fait voir de plus en plus clairement le but de la vie, les vrais sentiers qui y conduisent, les dangers qui s'y cachent, les secours préparés sur le chemin. La vigilance guide les pas, la confiance les anime, la prière les soutient, et le cœur exultant de joie ne peut que s'écrier avec le Sauveur: « *Grâces vous soient rendues, ó mon Père, Seigneur du ciel et de la terre, de ce qu'ayant caché ces choses aux prudents et aux sages, vous les avez révélées aux petits enfants* » [1].

[1] In ipsa hora exultavit Spiritu Sancto et dixit: Confiteor tibi Pater, Domine coeli et terrae, quia abscondisti haec a sapientibus et prudentibus, et revelasti ea parvulis (Luc. X, 21).

Le catéchisme aux enfants.

PRÉDICATION DANS ROME
PRÈS DE L'ARC DE TITUS.

CHAPITRE X.

Jean-Baptiste de Rossi, pour vaquer plus assidûment au
ministère de la confession, obtient comme chanoine
un coadjuteur — Il s'adonne plus fréquemment aussi
au ministère de la prédication. — Règles qu'il y suit:
préparation par la prière, soin d'exciter les cœurs à la
confiance, simplicité, dignité, utilité. — Nombreuses
prédications dans Rome. — Excellents fruits.

La dispense du chœur au profit du confessionnal devenait pour le Serviteur de Dieu
d'un usage de plus en plus fréquent, et pour
les âmes d'une utilité de plus en plus manifeste ; mais c'était, en même temps, pour le
chant de l'office et les cérémonies de l'autel,
un détriment de plus en plus sensible. Afin de
pouvoir se livrer à son apostolat populaire
sans inquiétude de conscience, il résolut de
demander un coadjuteur, et il l'obtint de Benoît XIV le 30 novembre 1745. Ainsi sa stalle
n'était plus vide, son absence ne causait au
collège des chanoines nulle surcharge, nul
détriment. Il s'était d'ailleurs réservé sa place
au chœur, soit par attrait pour l'office divin,

soit par dévotion pour la Vierge Marie, à laquelle la basilique était consacrée. Il ne manquait pas, en effet, d'y assister les dimanches et fêtes, mais au lieu de prendre son rang de droit, il se mettait humblement le dernier, comme un surnuméraire. Dans ces nouvelles conditions, il est vrai, il devait prélever sur son bénéfice une pension en faveur de son substitut, mais qu'importe? appauvrir son avoir avait toujours été pour lui un soulagement.

Libre de son temps désormais, il se donna sans ménagement ni réserve au ministère de la confession et à celui de la prédication. Les deux choses, en effet, se prêtent la main. Dans le confessionnal, le ministre de Dieu se prépare à la chaire, car il y comprend mieux chaque jour l'effrayante vérité de cette sentence : *Tous ont péché et sont privés de la gloire de Dieu* [1]. Son cœur et ses lèvres sont donc avides de publier très haut et très loin la loi divine, ce qu'elle exige pour la gloire de Dieu, ce qu'elle promet pour le bien de l'homme. D'autre part, la chaire prépare au confessionnal, car en montrant aux fidèles ce que sont la justice, la charité, la chasteté, la

---

[1] Omnes peccaverunt et egent gloria Dei (Rom. III, 23).

mansuétude, l'humilité, la crainte du Seigneur, elle leur offre contre le péché un remède préventif ; et en réveillant les pécheurs de leur sommeil, elle leur inspire, elle les presse de régler enfin leur conscience. Que s'ils sentent, dans celui qui parle, l'autorité de Jésus-Christ et l'accent de sa divine charité, le coup est décisif, ils s'empressent de frapper à la porte de l'envoyé du ciel. N'est-ce pas après avoir entendu la prédication de Jésus, que Madeleine vint se prosterner à ses pieds chez Simon le Pharisien?

Jean-Baptiste de Rossi ne fut pas un prédicateur de renom. Il n'avait rien de la puissance de saint Léonard de Port-Maurice qui prêcha simultanément avec lui dans Rome, et dont la voix remplissait la place Navone ou le Colysée, remplis d'une foule immense. Mais il n'en fut pas moins un prédicateur très utile à la cause de Dieu, chéri des fidèles, digne d'être proposé comme exemple aux membres du clergé qui se dévouent, chaque jour, à l'instruction chrétienne des âmes.

On peut dire qu'en un sens, il prêchait partout, au confessionnal, dans les maisons, sur les chemins : c'était la prédication intime et en quelque sorte domestique. Il fit aussi entendre sa parole évangélique dans diverses églises ou places publiques de Rome, selon que la Providence lui en ménageait les occasions.

Avait-il une méthode? On peut dire que sa méthode était de n'en avoir point, au moins d'absolue, mais de se proportionner aux circonstances et aux personnes, à l'imitation de l'apôtre Paul qui disait: *Je me suis fait tout à tous, pour les sauver tous* [1]. Cependant, il y avait dans sa prédication certaines bases générales qu'on peut résumer ainsi: préparation par la prière, excitation des cœurs à la confiance, simplicité dans l'exposition, dignité en même temps, et surtout utilité.

Ses connaissances acquises, en dehors de la méditation habituelle du Nouveau Testament, se bornaient à peu de chose; les vies de saint François de Sales, de saint Philippe de Néri, de saint Charles Borromée, de saint Thomas de Villeneuve, de saint Vincent de Paul et autres semblables, étaient tout son répertoire. Mais la prière suppléait en lui à l'étude qu'il ne pouvait faire avant les sermons. S'il avait ses prières d'obligation, ses prières d'attrait et d'inclination, il avait aussi ses « prières de prédication », soit avant

[1] Omnibus omnia factus sum, ut omnes facerem salvos (I, Cor. ix, 19).

de venir à l'église, soit immédiatement avant l'instruction, s'agenouillant alors sur le marchepied de l'autel d'où il devait parler. Quand ensuite il ouvrait les lèvres, il y avait dans son enseignement un ordre, une érudition, une clarté, une grâce, une onction, une vigueur admirables; ses paroles étaient des flèches. Un jour, au moment de prêcher, il demanda à un ecclésiastique de lui choisir le thème de la conférence, et après avoir prié, il le développa de la manière la plus heureusement adaptée à l'auditoire. Cet aveu lui échappa une fois: *Monté en chaire sans savoir quoi dire, le Seigneur m'a suggéré les pensées. Profitez-en donc, car c'est signe que telle est la leçon dont vous aviez besoin.*

Un autre jour, où l'ordre des sermons dans une église amenait pour sujet la Très Sainte Trinité, le prédicateur se trouva empêché à la dernière heure; le chanoine de Rossi, qui venait d'entrer, consentit à le suppléer, et il parla de ce profond mystère avec tant de doctrine et de clarté, que les ecclésiastiques présents firent ensuite cette réflexion: *Un grand théologien n'aurait su mieux dire.* Une autre fois, prié à l'improviste de parler sur le respect dû aux prêtres; il traita le sujet avec tant d'à-propos et d'efficacité, que tous en furent émerveillés. Parfois ce n'était pas le manque de prédicateur qui portait à lui ouvrir la chaire; il entrait dans une église pour prier; c'était l'heure du sermon, l'orateur sacré, tout prêt à commencer, l'apercevant, lui demandait, comme une faveur, de vouloir bien dire quelques mots à sa place. Il se rendait de bonne grâce, et les personnes les plus instruites confessaient n'avoir jamais rien entendu de plus beau; tout venait de sa foi, de sa prière, de son cœur.

Il s'identifiait avec son sujet, non d'une manière factice, mais jusqu'au fond des entrailles; et à leur tour les auditeurs se sentaient identifiés avec sa parole, d'autant mieux qu'un reflet tout céleste se répandait sur son visage et achevait de les saisir. Impossible de ne pas subir cet ascendant; impossible de s'éloigner sans éprouver de fortes aspirations à devenir meilleur. C'était surtout lorsqu'il traitait son sujet de prédilection, l'amour de Dieu, que ces dons mystérieux se révélaient, et qu'il exerçait cette aimable violence sur les cœurs.

La confiance était la messagère qu'il employait généralement pour ouvrir les voies à la grâce de Dieu; il en avait constaté cent fois la puissance sur les cœurs. C'est pour-

quoi la parabole du Prodigue, celle du Bon
Pasteur et l'histoire de Marie-Madeleine reve-
naient constamment dans ses discours. Un
prédicateur de renom lui ayant exposé son
plan de mission, il ne put dissimuler sa surprise de ne pas y trouver un sermon sur la
divine miséricorde. Le missionnaire lui promit,
par déférence, de ne jamais négliger désormais
un si encourageant sujet, et il tint d'autant
plus volontiers parole, qu'il constata par son
expérience personnelle les précieux résultats.

Les cœurs ainsi préparés, il fallait en
venir à l'exposition dès points de doctrine
qu'il y avait à traiter. A cet égard, la simplicité fut toujours la loi de Jean-Baptiste
de Rossi, et il la recommandait sans cesse
aux prêtres ses collaborateurs. En effet, il
ne s'agit pas en chaire de conquérir des
palmes académiques, mais de faire entrer dans
les âmes les vérités du salut; le moyen de
transmission le plus efficace doit avoir la préférence. Aussi, quand il entendait certains prédicateurs choisir des expressions recherchées,
viser à l'élégance des tournures et à l'harmonie
des périodes, au risque de n'être pas compris,
c'était pour lui une douleur : *Avec tout ce beau
langage,* dit-il un jour, après avoir entendu
un de ces prédicateurs, *il n'a même pas fait*

sortir une araignée de son trou. S'il n'osait, par convenance, faire tout haut ses réflexions, on le voyait hausser les épaules comme pour dire : *J'ai pitié ; ces fidèles demandent du pain et voilà ce qu'on leur donne à la place !* Ainsi est-il raconté de saint Alphonse de Liguori, qu'entendant un de ses jeunes religieux faire un sermon ampoulé et déclamatoire, il s'agitait d'une manière incroyable derrière l'autel, impuissant à dissimuler son déplaisir ; et à la fin, n'y tenant plus, il envoya donner au prédicateur l'ordre de descendre de chaire.

Mais aux yeux de Jean-Baptiste, la simplicité n'était pas la vulgarité ; la parole de Dieu, en effet, a par elle-même une dignité qui lui suffit comme parure, à la condition qu'elle ne soit pas avilie par celui qui la propose. Aussi quand un prédicateur, sous prétexte d'attirer le peuple et de se faire comprendre, prenait un langage trivial, employait des comparaisons basses, faisait en quelque sorte le comédien pour provoquer le rire, le Serviteur de Dieu était si péniblement affecté qu'il en eût pleuré. Changer l'église en un petit théâtre ! Traiter de la sorte les enseignements apportés du ciel par le Verbe divin !!

En définitive, l'utilité était le but qu'il
poursuivait. La vie de l'homme est courte;
dans cette vie fugitive, le temps disponible
pour entendre la parole de Dieu est restreint;
d'autre part les intérêts à traiter, les dogmes
à expliquer, les règles de conduite à donner sont de souveraine importance: qui donc,
en chaire, oserait s'écarter pour un seul
instant de ce but éminemment pratique et
se perdre dans des rêveries sentimentales,
ou des hypothèses hasardeuses, ou des abs-
tractions scientifiques, ou de capricieuses
digressions?

En suivant ces principes, saint Jean-Baptiste de Rossi se mit en mesure de faire un
grand bien à Rome par la prédication, et
l'on peut dire qu'il ne cessa de prêcher que
lorsqu'il cessa de vivre. Il avait ses instructions fixes chaque dimanche dans divers quartiers, où il se portait successivement. Pour
les fêtes et les discours de circonstance,
on le trouvait toujours disposé à porter la
parole de Dieu. Il prêcha souvent jusqu'à
cinq fois en un jour sur des sujets différents,
toujours avec une telle aisance, une telle
propriété d'expressions, qu'on eût dit un
orateur qui avait tout écrit d'avance. L'Esprit
de Dieu était son livre, sa flamme, sa force;

et sous cette action, sa faible voix prenait une ampleur qui suffisait aux plus grands auditoires. Les résultats furent inappréciables. La semence évangélique reçue au pied de la chaire, ou au milieu du *Campo Vaccino* [1], germait dans les cœurs, s'épanouissait dans les familles, remplissait de ses fruits la cité, et l'on pouvait s'écrier: *Dieu est admirable dans ses Saints, le Dieu d'Israel a lui-même donné vertu et force à son peuple, qu'il soit béni* [2].

[1] « Champ aux vaches », nom donné, par une vicissitude inouïe, au célèbre *Forum Romanum*, parceque nombre de charriots traînés par des vaches ou des bœufs, y stationnaient avec leurs conducteurs.

[2] Mirabilis Deus in Sanctis suis, Deus Israel ipse dabit virtutem et fortitudinem plebi suae, benedictus Deus (Ps. LXVII, 35).

Le Campo-Vaccino.

SERMON SUR LA MONTAGNE.
(*B. Angelico*).

CHAPITRE XI.

Jean-Baptiste se consacre à l'œuvre des missions. — Petites missions dans la campagne romaine. — Rocca di Papa, Decima, Saint-Antoine, sanctuaire de la Vierge du Divin-Amour. — Missions plus importantes dans divers diocèses. — Fatigues du voyage. — Genre de vie qu'il mène dans le lieu de la mission. — Soin des missionnaires malades. — Le Réveille-matin. — Vigilance à combattre les superstitions. — Retour dans un pays lointain pour une seule famille à convertir.

À certaines époques on voyait Jean-Baptiste quitter Rome pour aller passer quelque temps dans la campagne environnante, après avoir confié à des prêtres sûrs, ses malades et ses pénitents. « Tant mieux, dira-t-on, il est fatigué ou convalescent, la solitude, le grand air, les horizons enchanteurs qui s'étendent jusqu'à la Méditerranée, seront pour lui un repos parfait ». Beau rêve ! Une fois installé dans quelque maison amie, il voyait les paysans, les abordait, gagnait leur confiance, devenait leur confesseur. Un de ses écrits intitulé : *Mémoires pouvant servir à régler, avec fruit pour les âmes, une église*

épiscopale, renferme ces mots: « Dans beaucoup de petits pays, où il n'y a qu'un ou
deux prêtres pour confesser, l'expérience
enseigne qu'il se commet beaucoup de sacrilèges. L'évêque y enverra donc une ou plusieurs fois l'an quelque confesseur expérimenté, qui s'y rendra sous le prétexte de
vacances, sans que les paysans s'aperçoivent
du but pour lequel il est envoyé. Il y restera
quinze ou vingt jours pour entendre les confessions, afin que ces pauvres gens soient
consolés. Il est vrai que cela se pratique par
le moyen des missions, mais le secours est
insuffisant, vu que les missions ne peuvent
avoir lieu que rarement ». Ce qu'il recommandait, il s'efforçait de le pratiquer, et il
ajoutait même alors au ministère de la confession celui de la prédication; les vacances
se transformaient en une mission rurale.

Au besoin, pour rendre cet apostolat plus
fructueux, il montait à cheval, quoique fort
mauvais cavalier, passait dans les champs ou
devant les chaumières et invitait avec tant
d'affabilité les gens à venir que, parti seul,
il revenait escorté d'une foule compacte.
L'église était préparée; on y entrait, on priait,
on s'instruisait, on se confessait: semailles
et moisson spirituelles s'accomplissaient en

quelques heures. Mais ne serait-ce pas, pour la récolte matérielle des campagnes, un détriment? Le sage missionnaire avait tout prévu; il promettait aux propriétaires que cet enrôlement de leurs ouvriers et cette diminution passagère des heures de travail, loin de nuire aux fruits de la terre, les multiplieraient. Toujours Dieu faisait honneur à l'engagement de son apôtre bien-aimé.

Et voilà ce que l'on vit se renouveler très souvent à Rocca di Papa, à Genazzano, à Corneto, dans les propriétés de la famille Odescalchi, dans la terre appelée Decima, où se trouvait l'oratoire de Saint-Antoine, Abbé, et dans la chapelle de la Vierge du Divin-Amour, entre Albano et Rome. Les fruits cependant n'étaient pas toujours immédiats. Un jeune homme, ayant vu Jean-Baptiste dans ce dernier sanctuaire, fut profondément remué, sans se convertir. Mais une impulsion secrète le poursuivait et le porta à venir jusqu'à Rome pour y chercher le confessionnal du Saint. Là, il était comme enchaîné, sans pouvoir se décider, ni à partir, ni à entrer, quand une voix imposante et paternelle, sortie du confessionnal, l'appela; il obéit, s'agenouilla, se confessa. Lorsqu'il se releva, c'en était fait, Dieu régnait dans ce cœur, Satan s'était enfui, tout honteux.

Mais la renommée de cet apostolat s'éten-
dant plus loin, valut au Saint des invitations
à prêcher de véritables missions; il ne put,
il ne voulut pas refuser. On chercha bien à lui
faire interdire par son confesseur de telles
absences, qui interrompaient son ministère
dans Rome; il eût certainement obéi, malgré
l'indicible plaisir que lui causaient ces expé-
ditions apostoliques, mais le confesseur s'y
refusa, ne voulant pour rien au monde enchaîner l'esprit du Seigneur. C'est ainsi que
l'homme de Dieu évangélisa, non sans fatigue, les diocèses de Rieti, de Marsi, de
Palestrina, d'Aquila, de Spolète, etc. Le départ
avait généralement lieu après la Nativité de
Notre-Dame, pour commencer la mission sous
ses auspices. Le voyage seul eût été une
fatigue, même pour une santé moins chance-
lante que la sienne; le plus souvent, il lui
fallait chevaucher avec de mauvaises montu-
res, par des sentiers abrupts, et quelquefois
sous une pluie battante, trempé jusqu'aux os.
Lui envoyait-on, pour lui et pour ses compagnons, quelque voiture de campagne, les mauvais chemins les exposaient à plus d'un acci-
dent. Un jour, par exemple, en passant un
pont, ils faillirent verser tous et tomber dans
le ravin. Le Saint, sans se troubler, dit avec

sa jovialité habituelle : *Eh bien ! nous serions allés en paradis ! – Bon pour vous, qui êtes prêt*, repartit un des missionnaires, *mais moi, je ne le suis pas.*

En route, il priait, tantôt seul, tantôt avec ses compagnons auxquels, à chaque Mille il faisait réciter un *de profundis* pour les âmes du purgatoire ; puis il les égayait par ses propos, pour leur faire oublier les ennuis du trajet, ou il parlait aux paysans qu'il rencontrait. S'il entendait quelque passant blasphémer, il n'y tenait plus et le corrigeait avec bonté ; car il avait une horreur innée pour le blasphème, et même pour l'usage si général de prendre le saint Nom de Dieu en vain.

Une fois arrivé dans le pays à évangéliser, les épreuves, du côté de la santé, n'étaient pas finies. Jean-Baptiste ne trouvait souvent pour logement qu'un mauvais réduit, humide, obscur, au toit délabré, sorte de prison ; pleuvait-il sur le lit, il s'ingéniait à l'installer ailleurs avec une bonne humeur sans pareille. On lui offrait parfois, il est vrai, une chambre plus commode chez quelque propriétaire du pays, mais elle eût été moins à proximité de l'église, et les âmes en peine, les pécheurs honteux eussent été moins libres pour l'aborder; il remerciait. Quant à la nourriture, on lui servait peut-être beaucoup de choses, selon la mode des campagnes, tandis qu'il en aurait fallu une seule, très simple, mais qui fût pour son pauvre estomac un soutien, non un fardeau. S'il était consulté d'avance á ce sujet, il répondait, sans indiquer ses préférences: *Il appartient au chef de la mission de régler ces choses.*

Avec cela il fallait suffire à un travail exorbitant, et il trouvait encore moyen de servir d'infirmier et d'ange consolateur à ceux des missionnaires qui, plus robustes que lui, tombaient pourtant malades, n'ayant ni sa trempe d'âme ni son habitude de la fatigue. Ses prières achevaient la guérison commencée par ses bons soins; il avait coutume de leur faire vénérer certaines reliques pour qu'on n'attribuât point à ses mérites le bienfait obtenu. Plus d'une fois il joignit même aux prières l'offrande de sa vie; mais Dieu, luttant de générosité avec son fidèle serviteur, faisait la grâce sans accepter le sacrifice d'une santé si précieuse; il semblait prendre plaisir, au contraire, à la fortifier en raison même de la fatigue.

Quoique Jean-Baptiste n'acceptât, dans le travail commun, qu'un rôle subalterne, comme on vient de le voir, il est pourtant un privilège qu'il se réservait, celui de réveiller tout le monde de bonne heure, même les domestiques, qui auraient dû prendre sur eux le souci; de là le surnom de *Réveille-matin* qu'on lui avait imposé d'un commun accord. Quelque grand dormeur lui reprochait-il sa ponctualité inexorable, il n'en persistait pas moins, se contentant de répliquer avec son bon sourire: *C'est l'heure*. Il savait combien les heures matinales sont précieuses dans le temps des missions [1]. Mais s'il n'épargnait pas la fatigue, Dieu lui épargnait moins encore les grâces. Le peuple, au lieu de l'appeler de son nom, disait *le saint missionnaire;* et ses prières, sa parole, son aspect seul, étaient pour plus de moitié dans les profits spirituels.

Tout ce qui a été dit de son zèle, de ses industries, de son esprit d'ordre, de sa grâce remarquable pour bien expliquer, sous forme catéchistique, les vérités de la foi, s'applique sur une plus large échelle à l'apostolat des missions, sans que nous ayons à y revenir. Ajoutons cependant que pendant les sermons,

---

[1] On peut lui appliquer, en toute vérité, le vieux proverbe :

L'heure du matin
A de l'or dans la main.

pour mieux sauvegarder les convenances, il réservait aux femmes, autant que possible, une partie déterminée de l'église, sans permettre à personne, même aux notables les plus considérés, de violer la consigne.

Il est un fléau mortel pour la foi, qui sévit surtout dans le peuple des campagnes : la superstition. Jean-Baptiste de Rossi, en confessant, avait constaté cent fois ses ravages ; il signalait donc ce mal avec énergie dans la prédication pour ouvrir les yeux aux plus entichés des pratiques superstitieuses et des vaines observances ; il citait même textuellement les Décrets du Saint-Office sur cette matière, avec l'énumération des peines prononcées contre les délinquants.

Ayant fait de vains efforts, dans un pays, pour déraciner une de ces pratiques, qui était en même temps une injure et une véxation pour une catégorie de personnes, transporté d'une sainte colère il partit en secouant la poussière de ses pieds. Mais la leçon fut salutaire ; les habitants terrifiés, éplorés, coururent après lui dans le village voisin, les pieds nus, la corde au cou, pour le conjurer de revenir, promettant d'exécuter désormais à la lettre tout ce qu'il commanderait pour leur bien.

Un dernier trait donnera une idée de l'étendue et de la persévérance de son zèle apostolique. Une mission qu'il prêchait du côté de Spolète, fut abrégée pour cause de force majeure. Mais il n'oublia pas que, dans un hameau, se trouvaient deux familles divisées, auxquelles il n'avait pu donner ses soins. Il revint donc de Rome exprès pour opérer la réconciliation. C'était un trajet de plus de 300 kilomètres, aller et retour, et par quels chemins ! Mais qu'importe, si, à ce prix, imitant le Bon Pasteur, il pouvait ramener au berçail une seule brebis, rétablir dans une famille de villageois la concorde, et avec elle le règne de Dieu? Il gagna en effet sa cause et revint à Rome tout joyeux [1].

[1] Et cum invenerit eam, imponit in humeros suos gaudens (Luc. xv, 5).

Sanctuaire du Divin-Amour.

SAINT VINCENT DE PAUL
MODÈLE DE SAINT JEAN-BAPTISTE DE ROSSI
POUR LES ŒUVRES DE MISÉRICORDE.

CHAPITRE XII.

Sollicitude de l'Eglise pour l'assistance des pauvres et des travailleurs. — Pieuses sociétés fondées à Rome dans ce but. — Nombreuses misères qui leur échappent. — Jean-Baptiste de Rossi entreprend de les soulager. — Diverses classes de travailleurs qu'il s'applique à instruire. — Les bateliers et Notre-Dame du Bon Voyage. — Le Saint s'offense qu'on parle mal de ses protégés, les ouvriers et les pauvres. — Belle lettre à un prêtre sur le rôle et l'étendue de la charité.

Les régles de la vie civile basées, dans la Ville éternelle, sur les maximes de l'Evangile et les traditions des plus illustres Papes, comme saint Grégoire le Grand, saint Léon le Grand, saint Pie V, etc. étaient de nature à ordonner si sagement l'usage des biens terrestres, que chacun, selon sa condition, fût en mesure de travailler, avec liberté et joie, à l'acquisition des biens éternels. Pourtant, que de causes d'un ordre inférieur pouvaient rompre ce bel équilibre, troubler cette subordination ! Causes volontaires et blâmables, comme l'abus du droit dans celui qui posséde; la paresse, l'ambition, l'imprudence, l'amour

10

immodéré du bien-être dans celui qui travaille. Causes inévitables, telles que les maladies, le renversement des saisons, les fléaux, les guerres, l'invasion de l'étranger ! De là, surtout à certaines époques, de nombreuses et désolantes misères !

Mais sur ce même terrain béni apparaît la charité, les mains pleines de bienfaits. Charité d'*état :* là le souverain, protecteur et au besoin vengeur du droit de tous, est aussi un père, plein de miséricorde et de sollicitude; c'est le Pape. Charité *sociale*, en ce sens qu'on y voit surgir, au souffle de l'Eglise, une foule d'associations où les individus, vainqueurs de l'égoïsme et de l'apathie, se groupent pour mieux défendre leurs intérêts, promouvoir leurs avantages, vaquer plus librement à la piété et pratiquer plus largement la bienfaisance, soit entre eux, soit autour d'eux.

Nulle part on ne trouvera mieux réalisée l'alliance de la justice et de la miséricorde: l'une qui donne intégralement au prochain ce que réclament le devoir et les convenances; l'autre qui, dédaignant de peser les choses comme dans une balance, embrasse affectueusement, pieusement toute bonne œuvre pour plaire à Dieu, y met une grâce incomparable et ne dit jamais: je suis quitte.

Un auteur protestant [1], tout en blâmant mille choses à Rome, comme les Indulgences, la prédication, les censures, le culte des Saints, etc. ne pouvait s'empêcher de rendre hommage aux institutions charitables qu'il y avait vues fleurir: « On y trouve, dit-il, chose admirable et digne d'imitation, bon nombre d'hôpitaux et de fondations pieuses pour les vieillards épuisés, pour les pauvres estropiés, pour les malades, pour les nobles déchus, pour les pélerins épuisés et dans l'indigence, pour les femmes de vie déréglée mais converties, et pour les enfants abandonnés; œuvres fondées par les âges précédents, mais fidèlement et très discrètement gouvernées par le nôtre; sans parler des Monts-de-piété propres à secourir les pauvres, car la plaie de l'usure y est profonde » [2].

Cependant, quelque nombreuses, variées, actives et bien organisées que fussent ces asso-

---

[1] *Relazione dello stato della religione,* tradotta dall'inglese dal Cav. Edoino Sandis MDCXXV.

[2] L'ouvrage intitulé : *Des Œuvres pies de Rome,* avec cette exergue: « *Gloriosa dicta sunt de te Civitas Dei* », composé par Charles Piazza, un des prédécesseurs de saint Jean-Baptiste de Rossi dans le service de l'église de Sainte-Marie in Cosmedin, et publié en 1698, mentionne comme étant en activité, à cette date, les Confréries de travailleurs qui suivent : Confrérie de la Madone de Lorette pour les boulangers, confrérie des cuisiniers, des marchands,

ciations, beaucoup de misères échappaient encore à leur influence, soit que les malheureux ignorassent leur existence, soit qu'il leur répugnât de se soumettre à une règle, soit qu'ils ne fussent pas dans les conditions prévues par les règlements, pour être acceptés. Heureuses lacunes, que Dieu permettait pour qu'il restât à la charité *individuelle* et *libre* un terrain vaste, accidenté, plein de douleurs, mais peut-être le plus fécond en résultats, certainement le plus glorieux pour l'homme. Vincent de Paul, à lui seul, en serait, pour le monde entier, une éclatante preuve.

Jean-Baptiste de Rossi étudiait constamment et s'efforçait d'imiter l'esprit, la méthode, les œuvres du grand héros de la charité, que nous venons de nommer. De nombreuses classes de personnes, dans Rome, lui tendaient les mains : hommes de peine en tout genre, bergers, moissonneurs, vendeurs de fourrages, bouviers, vignerons, charretiers,

des barbiers et étuvistes, des tailleurs et chaussetiers, des cordonniers, des pharmaciens, de Saint Luc pour les peintres, des palefreniers, des maçons, des selliers, des orfèvres et argentiers, des libraires, des statuaires et tailleurs de pierre, des couverturiers et laineurs, des vignerons, des tisseurs, des dépensiers, des cochers, des bouchers, des épiciers et fruitiers, des matelassiers, des forgerons et serruriers, des bombardiers, des copistes, des caudataires, des apprentis cordonniers, des merciers et des parfumeurs.

muletiers, poissonniers, marchands d'herbages, portefaix, marins, etc. ! Quelques-uns parmi eux étaient fixés dans la cité ; d'autres y venaient chaque semaine pour le marché, ou à des époques déterminées pour les foires, afin d'y vendre divers bestiaux et denrées. Les uns avaient leur centre dans quelque carrefour populaire, ou au milieu du *Campo vaccino*, et s'y groupaient à certaines heures ; les autres se tenaient le long du Tibre, c'étaient les bateliers qui faisaient le service d'Ostie et du littoral de la Méditerranée. Notre apôtre avait pour eux une particulière bonté. Le centre de leurs exercices religieux était la chapelle de Notre-Dame du Bon-Voyage, située à quelques pas du port de Ripa-Grande. Ils venaient s'y recommander à Marie, leur métier étant partout dangereux, mais en particulier au passage des Bouches du Tibre, et chaque barque qui abordait payait à la chapelle un *Jules* (environ 56 centimes) par an. Le dimanche, Jean-Baptiste se plaisait à leur faire le sermon ; c'était un des ministères où il se montrait le plus exact, bien que l'heure fût pour lui très incommode.

Toutes ces classes de travailleurs, fort diverses d'origine, de nom, de costume, de mœurs, formaient aux yeux du Serviteur de

Dieu une seule nation en Jésus-Christ qui, dans sa miséricorde, a pris sur lui les infirmités de nous tous pour les guérir. Les vices, on le comprend, n'étaient pas rares chez ces pauvres gens ; l'ignorance religieuse, les longues heures d'oisiveté, les propos licencieux, le manque de probité dans les affaires, les rivalités poussées jusqu'aux rixes violentes, étaient des maux comme acclimatés chez eux. C'est donc à leur égard surtout que Jean-Baptiste mérita son glorieux surnom de *chasseur d'âmes*. Une sorte de passion l'entraînait, un instinct particulier le dirigeait ; il allait chercher les malheureux dans les tavernes, dans les boutiques, dans les carrefours, pour leur tendre une main amie, leur parler de leur âme, élever leurs pensées et leurs affections jusqu'à Dieu.

Une telle besogne, s'il eût été seul, aurait de beaucoup dépassé ses forces, c'est pourquoi il avait communiqué l'ardeur de son âme et enseigné les industries de son zèle à de jeunes prêtres plus vigoureux que lui, devenus vainqueurs du respect humain comme des répugnances de la nature. Ils constituèrent pour leur apostolat des centres régionaux, tantôt dans une chapelle, tantôt dans une cour, ou même dans le palais d'un prince, et

là ils enseignaient à ces infortunés les vérités de la religion, les devoirs, les espérances,
les consolations qu'elle renferme. A la fin de
l'exercice on laissait à chacun comme souvenir, une médaille, quelquefois une aumône.

Il y avait deux catégories de pauvres que
de Rossi assistait avec un soin, une libéralité
à part : les personnes de famille déchue, car
disait-il, *elles ressemblent particulièrement au
Sauveur, très pauvre et en même temps très
noble ;* puis, les pères de famille malades ou
sans travail ; les assister, les remettre en
santé, c'était un triple bienfait, pour eux,
pour leur femme et pour leurs enfants. Une
fois il découvrit dans son voisinage un de
ces malades, que le médecin venait d'abandonner en disant : « il sera mort ce soir ». Jean-
Baptiste, ému des pleurs de l'épouse, appela
un autre médecin, se chargea de payer les
remèdes, et au bout de quelques semaines, le
malade était sur pied, si bien rétabli, qu'il
put travailler encore un bon nombre d'années.

Les Juifs, à un autre titre, excitaient aussi
sa commisération. Quand ses courses l'amenaient à traverser leur quartier, dit *Ghetto,*
il priait son compagnon de réciter avec lui le
Credo et de suggérer à d'autres prêtres cette
pratique. On l'entendait, tout en marchant,

répéter à voix basse et avec des soupirs : *Ah! les infortunés! ah! les infortunés!*

Du reste, c'était pour tous les malheureux, en vue de Jésus-Christ, qu'il éprouvait et manifestait cette sympathie. Quelqu'un se hasardait-il, en sa présence, à mépriser les pauvres, à les brusquer, à mal parler d'eux, il en était plus offensé que si on l'eût offensé lui-même, et il prenait hautement leur défense. Un jour, passant dans une rue, et se voyant salué par quelques-uns d'entre eux en haillons, il dit ingénûment à son compagnon, tout en leur rendant courtoisement le salut : *J'éprouve plus de plaisir à être salué par eux que par un Cardinal.*

Quand il était parmi « ses » pauvres, il semblait s'identifier avec eux. On le voyait les accueillir avec affabilité, les écouter avec patience, leur servir d'appui pour se lever de terre, et même les accompagner pas à pas s'ils étaient infirmes ou estropiés : tout cela dans le but de gagner leur affection pour les conduire plus facilement au bien. De grand cœur il donnait des secours matériels à ces chers amis, se servant, s'il le pouvait, d'un intermédiaire, par humilité ; car il était jaloux de rester inconnu, et la seule appréhension de l'estime le troublait profondément. Il n'avait, il est vrai, aucune caisse personnelle, mais une noble dame romaine déjà mentionnée plus haut, la duchesse Isabelle Strozzi, lui avait écrit ce gracieux billet, dont il gardait bonne souvenance: « Le chanoine de Rossi est prié, quand il a quelque cas où l'offense de Dieu peut être empêchée par de l'argent, de recourir à celle qui lui écrit. Autrement, il chargera doublement sa conscience, et pour n'avoir pas empêché l'offense de Dieu, et pour n'avoir pas aidé cette personne à payer ses dettes, alors qu'elle en est accablée jusqu'aux yeux. Elle demande ses prières ».

A défaut de ces subsides princiers, qui n'étaient pas toujours sous sa main, il avait recours à un séculier compagnon de ses courses, et initié à ses bonnes œuvres, lui demandant telle ou telle somme par manière d'emprunt. L'ami faisait, il est vrai, le difficile par une feinte pieuse, et n'allouait qu'une partie de la somme demandée; mais c'était pour qu'il restât au Serviteur de Dieu quelque chose à donner le lendemain. Quand celui-ci n'avait absolument plus rien à distribuer, on le voyait donner au moins des larmes de compassion.

L'ardeur de son âme, la sagesse et l'étendue de sa charité se révèlent de la manière la plus touchante dans une lettre à son ami

Pietro Santovetti, archiprêtre de Rocca di Papa; donnons-la tout entière:

« Que Jésus Christ soit loué.

« Cher frère, je suis persuadé que vous désirez faire du bien aux âmes dont vous avez la charge; or vous n'y pourrez réussir qu'en ayant pour elles les entrailles d'une vraie charité et en leur portant secours avec une affection paternelle, toutes les fois qu'elles en ont besoin. Ayez confiance en Dieu et tenez pour certain que plus vous serez libéral envers vos brebis, plus le Seigneur sera libéral envers vous. N'attendez pas qu'elles viennent vous demander secours, mais prenez les devants et informez-vous de leurs besoins, cherchant jour et nuit, ce qui peut contribuer à leur avancement, tout cela parce que vous les aimez. Le souverain Pasteur a répandu pour elles tout son sang; que ne ferez-vous pas pour les aider? Si vous avez un pain, ne leur en donnerez-vous pas la moitié? Que dis-je? ne le donnerez-vous pas tout entier, heureux de mourir de faim pour leur conserver la vie? Oui, cher frère, *le bon pasteur donne sa vie pour ses brebis.* Si vous aimez vraiment Jésus-Christ vous ferez tout. Figurez-vous qu'il vous adresse la triple interrogation faite à saint Pierre: *Pierre, m'aimes-tu?*

si tu m'aimes, *pais mes brebis.* Diriez-vous:
" Je leur donne la nourriture de la divine parole,
c'est assez? " Ah! cher frère, *n'aimons pas seulement par la parole et par la langue,* mais *par
les œuvres et en vérité.* C'est ainsi que Jésus-
Christ a aimé; c'est ainsi que nous devons
aimer nos frères, beaucoup plus ceux dont
Dieu nous a confié le soin. Une seule parole,
accompagnée par les œuvres, sera plus efficace
que cent, auxquelles l'appui des œuvres ferait
défaut. Il est nécessaire que ceux à qui vous
parlez pour les conduire dans la voie de Dieu,
connaissent que vous les aimez, et comment
le connaîtront-ils si ce n'est par les œuvres,
puisque *la preuve de la dilection c'est la réalisation des œuvres, « probatio dilectionis exhi-
bitio est operis? »* Votre prédication fît-elle
merveille jusqu'à vous élever au troisième
ciel, vos paroles seront sans fruit si elles ne
sont animées par l'exemple d'une charité agis-
sante. Combien de péchés se font parce que le
pain manque! Pour en empêcher un seul, nous
devons estimer toute notre vie bien employée.
Mon Dieu! comment un pasteur peut-il
souffrir de voir ses brebis loin du bercail du
Christ, quand il pourrait les ramener en
imposant à sa bourse quelque gêne? Je vous
supplie comme un père, *obsecro te ut patrem,*

dépensez-vous sans réserve pour votre cher troupeau ; faites connaître à tous, spécialement à ceux qui vous sont contraires, que vous n'avez pas accepté votre charge pour vous rassasier du lait de vos brebis et vous vêtir de leur laine, mais pour qu'elles aient la vie, *ut vitam habeant.* C'est ainsi, et non par d'autres moyens, que vous fermerez la bouche aux mécontents et en ferez vos plus chers amis. *En toutes choses, montrez-vous un modèle pour les bonnes œuvres*, afin que les voyant *on glorifie votre Père qui est aux cieux.* Que la Vierge Marie, Notre-Dame, vous console. – J. B. R. ».

N. D. du Bon-Voyage, Patronne des Mariniers.

SAINT JEAN-BAPTISTE DE ROSSI OFFRE AUX PAUVRES
L'HOSPITALITÉ DE SANTA-GALLA.

CHAPITRE XIII.

Œuvre hospitalière pour les mendiants et les vagabonds
à Santa-Galla. — Ce que fait Jean-Baptiste pour leur
bien temporel et spirituel. — Confession et Communion
mensuelle. — Instructions. — Fondation de l'hospitalité de nuit pour les femmes. — Difficultés des
débuts. Miracles de Providence. — Suffrages pour
les défunts.

Si dévoué que fût Jean-Baptiste de Rossi
à tous les pauvres, à tous les infortunés, il
en est une classe qu'il jugeait digne d'une
protection très spéciale: c'était les vagabonds.
Ils abondaient dans Rome, soit à cause de la
douceur du climat, soit par suite de l'indul-
gence des autorités, soit parce que bien des
étrangers, qui se donnaient la qualité de
pèlerins, venaient grossir leur nombre. Ils
passaient la nuit au hasard sous une voûte
en ruines, sous le portique d'une église, sur
les marches d'un palais, ou sur les étalages
qui servaient pendant le jour aux marchands
de comestibles. Le principal centre où Jean-
Baptiste travailla pour eux fut l'hospice de
Santa-Galla.

On connaît la Sainte veuve de ce nom, noble matrone romaine, fille du patrice Symmaque, et belle-sœur du célèbre Boëce, rendu si grand et si saint par ses malheurs. Elle s'était réduite à vivre en recluse non loin de Saint-Pierre, et elle y fut atteinte d'un cancer à la poitrine; Dieu voulait ainsi perfectionner sa vertu [1]. Après sa mort, qui eut lieu vers 550, on érigea l'hospice dont nous venons de parler sur l'emplacement de son palais, là même où jadis, pour se consoler de ses splendeurs, elle admettait et servait chaque jour douze pauvres à sa table [2].

La porte de la maison hospitalière était ouverte chaque nuit jusqu'à une heure déterminée, et les pauvres pouvaient y rester cinq

---

[1] On trouve son éloge dans les *Dialogues* de saint Grégoire le Grand (L. IV, c. XIII). Il raconte que Galla ayant peur des ténèbres et tenant, la nuit, deux flambeaux allumés, vit entre les deux, l'apôtre saint Pierre lui apparaître, l'assurer du pardon de ses péchés et lui promettre que, sous peu de jours, elle le rejoindrait dans la gloire. Elle s'enhardit à lui demander d'avoir pour compagne sœur Bénédicte; Pierre répondit que cette dernière la suivrait, mais à trente jours de distance, ce qui arriva.

[2] Ce fut pendant qu'elle les servait, qu'elle reçut du ciel, par les mains du Pape saint Jean I, une image miraculeuse de Marie, vénérée maintenant dans l'église de *Sainte-Marie in Campitelli*. Cette image, assure-t-on, préserva Rome de la peste, en 1656, et, c'est en reconnaissance de cette faveur, que le peuple Romain érigea la dite église à ses propres frais, en 1658.

jours, après quoi il leur fallait partir, à moins
d'une permission nouvelle. L'institution était
un bienfait, non seulement pour ces pauvres
gens, mais pour la cité entière ; car, très
grossiers par manque d'éducation et très
portés au vice, ils eussent été capables, errant
à l'aventure dans les rues, de donner libre
cours, grâce aux ténèbres, à leurs penchants
pour la rapine et l'inconduite, et de menacer
même la sécurité des personnes. Divers prêtres étaient attachés au service de la maison
et Jean-Baptiste de Rossi se fit recevoir dans
leurs rangs. Grâce à son concours, l'apostolat,
soit journalier, soit hebdomadaire, soit men-
suel ou annuel, y prit une extension et un
caractère de ferveur inaccoutumés, non seulement en faveur des pauvres hébergés de
nuit, mais d'autres personnes encore, qui y
trouvaient divers exercices pieux adaptés à
leur état.

Aux heures fixées, Jean-Baptiste parcou-
rait la maison, la clochette à la main, pour
convoquer les pauvres à l'église où allait se
donner le sermon. Quand il devait le faire, à
son tour, il accueillait avec joie cette mission et
il ajoutait, aux qualités mentionnées déjà, celle
de la brièveté. *Car*, disait-il, *les pauvres sont
fatigués, étourdis par le mal et la misère ; si*

*donc l'instruction est trop longue, ils s'inquiè-
tent, ils oublient ce qu'ils ont entendu, et, ce
qui est pire, ils n'en tirent aucun profit : une
longue expérience me l'a appris.* Un bon
chanoine s'écartant souvent de cette règle, le
Saint, qui jouissait de plus de crédit que nul
autre, avait été chargé de venir doucement
l'avertir ; mais hélas ! ayant entendu, au
cours du sermon, une réflexion touchante sur
l'amour de Dieu, son cœur s'émut, il se mit à
pleurer et il dut confesser ensuite qu'il avait
oublié totalement son mandat.

Désireux de développer le bien, il orga-
nisa pour les pauvres la confession et la communion mensuelles. Un examen de conscience
en forme d'instruction, préparait les âmes ; il
conduisait ensuite lui-même son monde à
l'église pour la confession : divers confesseurs
attendaient. Le Serviteur de Dieu, quand il
n'avait pas encore le pouvoir de confesser,
allait cependant d'un rang à l'autre. Par
l'examen des physionomies, et sans doute
aussi à l'aide d'une grâce spéciale, il devinait
les misères intérieures des pénitents, et leur
faisait des questions si à propos, que, stupéfaits, ils lui demandaient, les larmes aux
yeux, son aide et ses prières. Répondant
de suite à leurs désirs, il suggérait discré-

tement au confesseur qu'il leur destinait, les avis utiles pour bien explorer et pacifier leur conscience. Il vit cet exercice produire de tels fruits de grâce que, pour le faire avec plus grand soin, il partagea en plusieurs dimanches, les divers groupes ou dortoirs.

C'était surtout en hiver, au mois de décembre, époque de la plus grande affluence des pauvres, qu'il redoublait les efforts de son zèle, faisant prêcher à tout son monde réuni, une sorte de mission. Elle durait toutefois peu de temps, pour qu'on la suivît plus volontiers. Saint Léonard de Port-Maurice donna une fois ces exercices en 1730. Les premiers jours, presque personne ne venait du dehors, si bien que Jean-Baptiste se mit à parcourir les rues avoisinantes, avec la croix en main et en chantant les litanies, pour inviter les fidèles. Bientôt la scène changea, le concours, fut si empressé, que les pauvres de l'hospice durent céder toute la nef. Comme dédommagement, le prédicateur leur faisait le soir un sermon pour eux seuls.

Mais si saint Jean-Baptiste de Rossi se montra pendant 49 ans, par son zèle, l'âme et le propagateur des œuvres d'hospitalité déjà existantes, il en est une dont il fut le créateur.

Dans l'hospice de Santa-Galla, les règlements pourvoyaient, autant que possible, aux lois de l'honnêteté et de la décence, répartissant les pauvres en divers dortoirs selon l'âge, l'éducation, les germes morbides trop souvent apportés par un certain nombre d'entre eux. Mais il était difficile d'y accueillir dans des conditions convenables les femmes vagabondes, qui, d'autre part, sans un asile protecteur pour la nuit, étaient exposées à devenir, sur les chemins ou dans les auberges, la proie des plus vils et des plus audacieux séducteurs. Notre Saint conçut donc le projet d'ériger, pour leur offrir l'hospitalité de nuit, une maison spéciale. Il soumit le projet à son directeur, le P. Galluzzi S. J., qui demanda du temps pour réfléchir. Quelques jours après, il appelait son pénitent et lui disait en guise de réponse : *Voilà 500 écus, mettez la main à l'œuvre.* Pour louer et meubler une maison, c'était peu. Mais divers bienfaiteurs donnèrent leur concours, et le Pape Clément XII daigna contribuer pour une somme de 400 écus. L'établissement fut donc inauguré le jour de l'Immaculée-Conception, 8 décembre 1731, et fut mis sous le vocable de Saint-Louis de Gonzague.

D'abord il n'y eut que six personnes qui se présentèrent, mais bientôt les demandes surabondèrent, et l'on dut mettre un certain ordre dans les réceptions; on y donnait d'abord la préférence aux personnes en péril sous le rapport de l'honnêteté des mœurs, puis aux étrangères sans appui ni conseil, et enfin aux vieilles mendiantes de profession. Tout y était si bien réglé, au spirituel comme au temporel, qu'on eût dit une communauté religieuse plutôt qu'un hospice, et les réfugiées auraient voulu ne plus en partir.

Jean-Baptiste, qui avait composé les règlements de la nouvelle maison hospitalière, désireux d'être à la peine sans être à l'honneur, fit de telles instances, que le Père Galluzzi dut accepter la direction officielle de l'œuvre. Mais de Rossi n'en resta pas moins l'âme, en ce qui concernait les pratiques de piété, et même le grand pourvoyeur de fonds, lui si pauvre. Il faut dire que la Providence l'assistait d'une manière visible et parfois miraculeuse. C'est ainsi que l'on vit une pièce de toile, donnée pour en faire des draps de lit, se multiplier si bien, qu'à la fin on compta deux cent treize brasses sorties du rouleau primitif.

Chaque jour, tant que ses forces le lui permirent, il arrivait le matin, souvent à jeun, et sans redouter de respirer l'air forcément vicié dans les salles, par l'agglomération de tant de personnes d'une telle condition. Après avoir confessé, il célébrait la sainte Messe, faisait une courte allocution et donnait la communion à celles qui y étaient admises. Mais, si grandes que fussent sa compassion, sa bienveillance, son affabilité de manières, il se gardait, là comme ailleurs, de toute familiarité, ce qui ne faisait qu'augmenter la confiance et la vénération que tout le monde avait pour lui.

Il était plus que protecteur de ses pauvres, il se regardait comme leur protégé et implorait à ce titre leurs prières, surtout quand il avait quelque affaire difficile, car il assurait avoir expérimenté toute l'efficacité de pareils suffrages. Aussi quand il quittait Rome pour quelque mission, en prenant congé d'eux, il leur demandait de dire à son intention deux *Ave Maria*, ou de répéter cette oraison jaculatoire qui lui plaisait beaucoup : *Marie, mère des pauvres, ayez pitié de nous.*

Sa charité pour les pauvres leur était secourable, même au-delà de la tombe. Lorsque quelqu'un d'entre eux mourait dans l'hospice, il faisait aux survivants, devant le cercueil, une courte et pathétique exhortation, sur la nécessité de se tenir prêt à toute heure, puis il présidait aux dernières prières. En outre il avait établi, pour tous les défunts de la maison en général, une octave de supplications dans le mois de novembre. Les défunts des plus opulentes familles romaines, avaient moins de suffrages que ces pauvres mendiants. Lui-même, prenant plaisir à se considérer comme l'un d'entre eux, témoigna souvent qu'il comptait beaucoup, quand il serait rappelé à Dieu, bénéficier de leurs prières, en retour de ce qu'il avait fait pour eux avec tant de cœur.

Assez longtemps avant sa mort, le progrès de ses infirmités le priva du bonheur de les assister habituellement. Quand il dut y renoncer tout à fait, ce fut pour lui un crève-cœur. Il se consolait du moins en parlant d'eux avec tendresse, et en s'informant de tout ce qui concernait la bonne marche des choses. Ainsi le vétéran, couvert de blessures et incapable désormais de descendre sur le champ de bataille pour y lutter, demande des nouvelles de l'armée, en suit les opérations par la pensée et sourit de joie au moindre bruit de victoire; c'est qu'il aime la prospérité de son pays et l'honneur de son prince.

O Verbe anéanti, notre prince, c'est vous. Les grands de votre royaume, ce sont les pauvres. Heureux l'homme privilégié, qui comprend ce mystère, l'aime et l'incarne dans sa vie ! [1].

[1] Beatus vir qui intelligit super egenum et pauperem (Ps. XL, 1).

Sainte-Galla reçoit du ciel
une image de Marie.

CONVERSION ET ASSISTANCE D'UN CONDAMNÉ À MORT.

CHAPITRE XIV.

Visites charitables que Jean-Baptiste de Rossi fait aux
prisonniers. — Permissions particulières accordées par
les magistrats. — Fondation d'une maison de détention spéciale aux femmes. — Apostolat des *Sbires*. —
Vénération et reconnaissance qu'ils témoignent. — Le
Bargello et le bourreau, pénitents du Serviteur de Dieu.
— Il décline, grâce à ce titre, la direction d'une noble
dame romaine. — Les condamnés à mort. — Admirables triomphes de la grâce.

Dans ses fréquentes excursions apostoliques par les rues de Rome, Jean-Baptiste
de Rossi ne se dirigeait pas toujours du
côté du *Campo Vaccino*, ou des carrefours
hantés par les pauvres, ou des quais du
Tibre encombrés de mariniers. On le voyait
souvent se diriger vers une maison à l'aspect
austère, dont les pauvres fuyaient même les
abords ; c'était la prison.

Dès qu'il paraissait, la lourde porte
s'entr'ouvrait ; il y avait pour lui, par ordre
des magistrats, des entrées de privilège, et
quand il franchissait le seuil, geôliers et
détenus laissaient paraître leur joie.

« Pourquoi, lui disaient ses amis, ajouter à vos travaux accablants l'assistance des prisonniers? » « *Ah! reprenait-il, c'est pour les délivrer d'un enfer intérieur qu'ils endurent, et parce que, les affaires de leur âme une fois arrangées, ils supportent plus volontiers les peines du corps, obtiennent plus facilement de Dieu la patience dans leurs tribulations, et les font servir à l'expiation de leurs péchés* ».

Cette forme de la charité naissait en lui des racines de la foi. S'il ne savait guère que son Evangile, il le savait à fond, selon la lettre et l'esprit. La page qui nous montre Jésus calomnié, injurié, emprisonné, mis en croix entre deux voleurs, jetait à ses yeux un reflet mystérieux sur la caste des prisonniers, jusqu'à les rendre dignes d'une compassion tendre, d'un respect incompréhensible à la raison philosophique. En vain y a-t-il, entre le modèle et la copie, la différence de l'humain au divin, souvent de l'iniquité monstrueuse à l'innocence incomparable ; le rayonnement céleste, loin d'en être obscurci, n'en paraît que plus étrangement beau. Du reste, le mystère de Jésus garrotté fait jaillir des grâces propres à ramener au repentir le prisonnier le plus coupable, et à faire de la mesure de sa perversité passée, celle de sa sainteté.

Telle était la lumière, tel le charme surnaturel, qui attiraient de Rossi vers les prisons.

Le seul fait de voir venir à eux, par sympathie, un homme du monde préoccupé de leurs intérêts, se plaisant à les entretenir de leur pays, de leur enfance, de leur santé, eût été pour ces malheureux une surprise, un rayon de joie dans leur demeure obscure. Mais cet homme était un prêtre, il leur montrait, tantôt dans des catéchismes, tantôt dans le laisser-aller de la conversation, une autre patrie, leur rappelait le Père céleste, Jésus Rédempteur, Marie, Mère des miséricordes. Respirer l'atmosphère de ces vérités divines était pour eux un commencement de retour à la vie, à l'espérance. Ils se remettaient à prier, et de la prière naissait le désir de se réconcilier avec Dieu ; l'ami devenait confesseur, et c'était précisément ce qu'il avait convoité. Jean-Baptiste avait pour ce ministère, nous l'avons indiqué déjà, des facultés spéciales. Le Pape Benoît XIV, dans sa bonté, avait révoqué la prohibition, précédemment faite, d'accorder un confesseur aux prévenus durant la période d'instruction, de crainte que quelque indiscret, sous prétexte de charité, n'en vint compromettre le succès. Il fut réglé cependant, toujours dans les mêmes vues de circonspection, qu'on choisirait pour cette catégorie de prisonniers un prêtre exceptionnellement prudent, et digne de confiance entre tous; le curé de la paroisse confia ce ministère à Jean-Baptiste de Rossi.

De même que notre Saint, pour l'hospitalité de nuit, s'était ému d'une pitié spéciale envers les femmes vagabondes, ainsi voulut-il pourvoir à la protection des prisonnières, et il obtint qu'au lieu d'un geôlier on leur donnât une femme pieuse et mûre, pour directrice. Mais c'était encore trop peu à son zèle. Depuis 1732 il méditait un projet pour lequel il eût fallu, semblait-il, le nom, l'autorité, les ressources de quelque patricien romain; il s'agissait de faire une maison spéciale pour la détention et la moralisation de ces infortunées créatures. Il se mit cependant à l'œuvre avec foi, et grâce aux nombreuses suppliques qu'il fit adresser à Clément XII, après en avoir rédigé lui-même le texte, il obtint de la munificence du Pontife l'érection de la prison de Saint-Michel au Transtévère, pour les femmes de mœurs déréglées. On suivit à la lettre, dans la disposition de l'édifice et l'organisation de l'œuvre, le plan proposé par Jean-Baptiste; il était simple, digne, et propre à faciliter la surveillance. On mit sur l'entrée cette inscription : CLEMENS XII COERCENDAE MVLIERVM LICENTIAE ET CRIMINIBVS VINDICANDIS ANNO MDCCXXXV.

Autour des prisons, il y avait pour geôliers les *Sbires*, milice chargée également de marcher, au besoin, à la poursuite des bandes de malfaiteurs, qui, plus d'une fois, venaient infester la campagne. Or ces hommes avaient autant besoin de secours spirituels que les détenus. Les besognes dont ils étaient chargés faisaient d'eux une race méprisée, et précisément à cause de cela on était réduit à les recruter parmi les gens les moins considérés, de sorte que leurs mœurs n'étaient guère faites pour dissiper l'odieux attaché à leur charge. Jean-Baptiste, en voyant de près ces soldats, fut ému de leur ignorance et de leur abandon; il chercha donc à organiser, pour eux aussi, des catéchismes accompagnés d'exercices à leur portée, courts et pieux. Mais ni les recteurs des églises, ni les major domes des palais, n'ambitionnaient l'honneur de fournir un lieu de réunion à une clientèle de ce genre. Benoît XIV l'ayant su, dit avec son zèle et sa rondeur bien connus : *Si l'on ne trouve rien, je prêterai l'antichambre du Vatican.* Le mot se répéta, et le lieu propice ne fut plus introuvable : l'église de Saint-Philippe, dite aussi des Saintes-Plaies, via Giulia, fut celle qui s'ouvrit chaque vendredi aux escouades des sbires, leurs officiers en tête.

Tout ce que fit le Saint pour cette classe d'hommes et tout ce que, malgré leur écorce grossière, ils lui rendirent de reconnaissance et d'affection ne se peut exprimer. Jusque dans les rues ils le saluaient à distance, ou venaient l'entourer. A voir la scène, on eût dit qu'ils opéraient une arrestation ; c'était un assaut de tendresse et de vénération : chacun voulait lui baiser les mains ; et à son tour, quand il les apercevait de loin il disait : *Voilà mes amis.* Cette familiarité était si notoire que certains ennemis du bien en profitèrent pour répandre contre lui la plus étrange calomnie : il embauchait secrètement ces hommes pour quelque coup de main contre le pouvoir pontifical. L'imputation fut quelque temps prise au sérieux et l'homme de Dieu ne rencontrait plus partout que défiance ; enfin la lumière se fit, et tous s'étonnèrent qu'une fable si ridicule eût pris une telle consistance.

La charité de Jean-Baptiste pour les sbires allait jusqu'à leur chef appelé *Bargello*, encore plus qu'eux impopulaire, parce qu'il devait diriger certaines opérations policières souvent sanglantes. De Rossi avait gagné son estime

et ne manquait aucune occasion de lui montrer de la bienveillance. Il lui donnait de temps
à autre l'assistance religieuse comme confesseur, et faisait bénéficier de cette prédilection sa famille entière. Un jour on appela
le Saint pour une malade; en cas ordinaire,
il aurait refusé, ayant déjà des engagements
et des travaux supérieurs à ses forces. Mais
il s'agissait de la femme du *Bargello*, il partit
donc pour lui prêter son ministère ce jour-là
et les suivants. Il lui fallait monter péniblement un long escalier de bois, qui était un vrai
casse-cou; mais qu'importe? il s'agissait de
consoler une pauvre délaissée.

Une fois seulement, il faillit se brouiller
avec le *Bargello*. Celui-ci lui ayant offert un
cadeau, en reconnaissance du dévouement
témoigné à ses soldats, éprouva un refus; il
y voyait un affront. Mais le Saint persista et
finit par calmer ce courroux. Rester fidèle
à la loi qu'il s'était faite, à l'instar du grand
Apôtre, constituait pour lui un point d'honneur. Comme saint Paul, il tenait à pouvoir
dire: « Travaillant pour l'autel, j'aurais droit
à vivre de l'autel; j'y renonce et j'entends que
personne ne me ravisse cette gloire » [1].

[1] Ita et Dominus ordinavit iis qui Evangelium annun-
ciant de Evangelio vivere. Ego autem nullo horum usus

Cependant, pour que la hiérarchie des exécuteurs de la justice coercitive fût complète, il manquait l'homme que, par euphémisme, on appelait « le ministre de la justice », pour parler clair « le bourreau ». Celui-ci donnait également le soin de sa conscience à Jean-Baptiste de Rossi, qui volontiers acceptait le mandat. Un grave conflit ayant surgi entre le bourreau mis en retraite, et son successeur, l'affaire était arrivée à un état si aigu que l'on en présageait de tristes conséquences. Mais l'homme de Dieu était là, il négocia si bien entre ses deux pénitents, qu'une pacification eut lieu ; il en triomphait de bonheur et dit aussitôt après, d'un ton solennel, à un ami: *Aujourd'hui, nous avons arrangé une grande affaire d'état.* Il communiqua même au bourreau quelque chose de son zèle. Ce dernier, par sa situation, était en mesure de rencontrer nombre de personnes malheureusement esclaves du vice ; il les envoyait au Serviteur de Dieu pour qu'il brisât leurs chaînes et leur rendît la liberté des enfants de Dieu.

Cette intimité fut mise à profit d'une

sum. Non autem scripsi haec ut ita fiant in me. Bonum est mihi magis mori quam ut gloriam meam quis evacuet (1, Cor. IX, 15).

manière originale par le Saint dans la circonstance que voici: une noble dame, grande admiratrice de son mérite, le voulait absolument comme directeur spirituel, et ses aspirations pieuses, sa position sociale, sa générosité envers les œuvres de miséricorde, rendaient le refus comme impossible; c'eût été une inconvenance. Il se contenta donc de répondre: « *Voyez: il pourrait vous être désagréable, dans la société, de vous entendre dire, que votre confesseur est précisément celui du bourreau* ». Le singulier argument porta coup; la grande dame renonça à son projet et l'on se sépara, parfaitement satisfait de part et d'autre.

Après le bourreau, de qui reste-t-il à parler dans la hiérarchie des prisons? Du condamné. L'heure de l'exécution, surtout s'il s'agit de la peine capitale, est une heure solennelle, extrêmement critique au point de vue du salut et de l'éternité. Qu'en sera-t-il de cet homme? Va-t-il mourir dans l'impénitence, la haine au cœur, le blasphème sur les lèvres, prêt à descendre tout vivant dans les enfers? ou se transformera-t-il en holocauste volontaire, confessant son crime, heureux de donner réparation publique, faisant de sa mort violente une expiation chrétienne, et se rendant ainsi semblable au grand Supplicié du Calvaire?

On voit ce miracle de la grâce s'accomplir parfois. Tel condamné, pauvre malheureux poussé aux excès du crime par les idées perverses tolérées, propagées, dans certains pays anti-chrétiens, sous la protection de lois impies, se convertit et meurt pénitent, fortifié par l'Eucharistie, serrant dans ses bras le crucifix. Au contraire, le juge qui l'a condamné selon toutes les formes, finira peut-être misérablement ses jours, drapé dans son honnêteté purement philosophique, aveuglé sur ses fautes, n'ayant pas même pour le divin Rédempteur un regard suppliant, un soupir, un mouvement de contrition tardive et d'humble confiance. Or, c'est dans les dernières heures, les dernières minutes du condamné, que le redoutable problème se pose et se résout.

La gravité de ce problème rendait notre Saint justement soucieux et, secondé par des magistrats protecteurs de la foi, il mettait tout en œuvre pour assurer au supplicié une mort résignée, chrétienne, héroïque, digne de servir de modèle à tous.

Dans un pays où il donnait la mission, le peuple avait pris l'habitude, quand un condamné à mort était remis à la confrérie chargée de l'accompagner au supplice, d'envahir la chapelle ou la salle ; c'était pour se procurer le féroce plaisir d'entendre les hurlements et les imprécations du condamné ; tous les efforts pour abolir cette coutume avaient été vains. Or, Jean-Baptiste de Rossi apprit que précisément alors une exécution devait avoir lieu. Le barbare usage l'indigna et, montant en chaire, il parla avec une telle véhémence, une telle onction, qu'à partir de ce jour rien de semblable ne se reproduisit. On ne pensa désormais qu'à prier pour le patient, qui allait donner satisfaction à Dieu et aux hommes, par la perte de la vie.

Cette manière chrétienne, élevée, charitable, persuasive d'entendre l'assistance des condamnés à mort fut cause qu'on chargea souvent Jean-Baptiste de leur donner les derniers secours de la religion, soit à Rieti, soit à Civita-Vecchia, soit à Monte-Rotondo. Alors il se couchait de bonne heure, afin que si le condamné, touché de la grâce, l'appelait la nuit, il pût voler à son secours. Un des condamnés qu'il assista était précisément un sbire coupable d'homicide. Celui-ci, après avoir reçu l'absolution, montra un contentement si extraordinaire de donner sa vie, qu'il alla jusqu'à dire : « *Quand même le Pape en personne viendrait m'offrir ma grâce, je ne l'accepterais pas* » [1].

Un autre jour, à Monte-Rotondo, il y avait un condamné à mort qui, à peine la fatale nouvelle connue, donna dans de telles extravagances que tout espoir de l'amener à la pénitence et à la résignation semblait perdu. Pendant quatre heures on tâcha, mais

---

[1] Benoît XIV par sa Bulle *Christianae pietatis opera* du 28 avril 1741, avait confirmé à la confrérie de Saint-Jean le décapité, instituée pour l'assistance des condamnés à mort, le privilège, accordé par Paul III le 19 janvier 1540, de délivrer chaque année un condamné à mort, avec réintégration dans sa réputation, ses biens, ses honneurs. Trois délégués parcouraient donc toutes les prisons, et prenaient sur chaque condamné des notes, d'après lesquelles l'assemblée prononçait sur le choix à faire. On allait alors à la prison, dont la porte était tapissée et jonchée de fleurs. La sentence de grâce signifiée, on mettait au libéré une couronne de branches d'olivier et on le conduisait à l'église de la confrérie pour y entendre une Messe chantée, après quoi le chapelain lui donnait à dîner.

Mais si le coupable devait être exécuté, à minuit la la sentence lui était lue, et les confrères en costume le préparaient à recevoir les sacrements, l'interrogeant au préalable sur les points nécessaires au salut. Quelque confesseur qu'il voulût, on le lui faisait venir, après quoi on célébrait la Messe. Jusque sur la charette lugubre, deux confrères l'accompagnaient, l'exhortaient, lui faisaient baiser diverses images pieuses, lui suggéraient des aspirations. Après l'exécution, ils demandaient pardon à Dieu des fautes qu'ils avaient pu commettre dans tous ces exercices de miséricorde, et le prêtre directeur leur en donnait l'absolution.

en vain, de le convertir; plus on essayait de
calmer sa frénésie et plus il s'acharnait, pire
qu'une vipère, à jeter son venin, en particulier sur le gouverneur qui avait dirigé le
procès. Le malheureux se répandait en imprécations contre ce magistrat, et lui souhaitait
d'être emporté par le diable au séjour des
damnés. Voyant tout effort inutile, le Saint
manifesta à ses compagnons l'intention d'aller
célébrer la Messe; ceux-ci étaient d'un avis
contraire; il ne fallait pour rien, croyaient-
ils, abandonner les instances, jusqu'à ce que
ce cœur rebelle se fût rendu. L'événement
montra qu'ils se trompaient. A peine Jean-
Baptiste eut-il fini le Saint Sacrifice, où il
recommanda instamment le condamné à la
pure et innocente Victime de propitiation,
que, de retour à la prison, il trouva un cœur
renversé et transformé. Les pleurs, les sanglots, les actes de contrition du coupable ne
cessaient pas; Jean-Baptiste pleurait avec lui,
leurs larmes se mêlaient et tombaient sur le
sol. Ces belles dispositions du condamné continuèrent dans le parcours de la prison au
gibet, et jusqu'au dernier instant; tous en
étaient dans l'admiration.

A de telles morts, on serait tenté d'appliquer les paroles du texte sacré, disant des

justes persécutés: *Leur sortie de ce monde semblait une peine, et leur départ loin de nous une extermination, mais ils sont dans la paix; et si, devant les hommes, ils ont souffert des tourments, leur espérance est pleine d'immortalité* [1].

[1] Aestimata est afflictio exitus illorum et quod a nobis est iter exterminium: illi autem sunt in pace. Et si coram hominibus tormenta passi sunt, spes illorum immortalitate plena est (Sap. III, 3-4).

Jésus meurt entre deux larrons.

VISITE À L'HÔPITAL DU SAINT-SAUVEUR.

CHAPITRE XV.

Dévouement de Jean-Baptiste de Rossi pour l'assistance
des malades, surtout dans les hôpitaux. — Visites
régulières. — Appels imprévus. — Promptitude à y
répondre. — Remontrances qu'on lui fait de ce sur-
menage. — Sa réponse. — Admirable générosité pour
entendre les confessions. — Don singulier pour devi-
ner les malades en mauvais état de conscience et les
décider à la confession.

*Il y a des religieux qui vont jusqu'aux
Indes pour le bien des âmes; mes Indes, à
moi, ce sont les hôpitaux.* Ainsi parlait notre
Saint à ses amis, et la comparaison était plus
exacte qu'il ne le pensait. On s'en rendra
compte si l'on considère, soit le champ
d'apostolat, soit l'ouvrier qui le cultivait.

Sans doute, le genre de ministère dont il
est maintenant question était circonscrit dans
les murs de Rome; mais les hôpitaux y
étaient nombreux [1], et les quatre auxquels

[1] Les principaux hôpitaux de Rome étaient: l'hôpital
du Saint-Esprit in Sassia, ainsi appelé parce qu'il fut
érigé dans l'ancien quartier des Anglo-Saxons, à l'extrémité
de la Cité Léonine ; - l'hôpital de Saint-Sauveur fondé par
le Cardinal Jean Colonna ; - l'hôpital de Saint Jacques;

Jean-Baptiste de Rossi se dévoua plus spécialement : l'hôpital du Saint-Sauveur, prés Saint-Jean de Latran, celui du Saint-Esprit, celui de la Consolation, et enfin celui de Saint-Jacques des Incurables, étaient fort éloignés les uns des autres. Les visiter successivement, en partant de son logis, c'eût été réaliser un parcours de plus de vingt mille

- l'hôpital de Sainte-Marie des Grâces et de la Consolation ; - l'hôpital de Sainte-Marie et Saint-Gallican, érigé d'abord pour soigner la lèpre, puis destiné aux maladies cutanées ; - l'hôpital de Saint-Roch qui, outre les maladies ordinaires, recevait dans un quartier séparé les femmes enceintes, même celles qui, victimes d'une faiblesse passagère, voulaient sauver leur honneur et celui de leur famille. Le nouveau né était alors envoyé à la maison des Enfants-trouvés après que la mère lui avait mis un signe pour pouvoir le reconnaître un jour, si elle en avait le moyen ; - l'hôpital de Sainte-Marie de la Pitié pour les pauvres aliénés ; - l'hôpital des *Quarante-Heures* pour les mendiants aveugles et estropiés. - Il y avait en outre l'œuvre de l'assistance des infirmes à domicile ; celle des subsides aux pauvres honteux, et l'institution de la défense des pauvres, sous le patronage de Saint-Yves. Enfin on avait organisé une compagnie d'experts priseurs qui estimaient la valeur des objets mis en vente par des gens tombés dans l' indigence, pour les préserver d'être indignement volés par des brocanteurs sans conscience ni cœur (Voir Luigi Morrichini, *Istituti di pubblica carità,* Roma 1842). Il existait de plus, des hospices nationaux pour les Anglais, les Flamands, les Bohêmes, les Hongrois, les Suédois, les Ecossais, les Lombards, les Portugais, les Espagnols, les Esclavons et Illyriens, les Allemands, les Bretons, les Indiens et Abyssins, les Sardes, les Bergamais, les Polonais, les Français, les Bourguignons, les Lucquois et les Florentins.

pas. Le Serviteur de Dieu n'eût pu le faire tous les jours, car dans chaque maison, son travail était grand; mais il lui arrivait de visiter le même jour deux ou trois de ces asiles de la souffrance, sans compter les appels imprévus. D'abord, les serviteurs de la maison qu'il habitait, prirent le parti de ne lui remettre que le matin les billets de convocation arrivés le soir, mais il s'en aperçut et fit cesser le pieux stratagème. Il voulait par lui-même juger de l'urgence. Pendant une nuit, que de choses peuvent survenir ! En tout cas, une fois averti, il prierait et se préparerait pour le lendemain matin. Parfois il partait de suite, bien que travaillé par la fièvre. C'est ainsi qu'un soir ses amis, malgré leurs efforts, ne purent l'arrêter; il glissait entre leurs mains; son zèle lui servait, dans les ténèbres, d'escorte et de flambeau. Appelé une fois pour un soldat du fort Saint-Ange, il partit comme un trait, malgré la pluie battante, quelques instants après, il était là, portant au malade la paix et la force de Dieu.

Ce n'était pas seulement la pluie qui rendait fatigantes ces tournées charitables. En hiver le Saint, avait les mains transies de froid, gonflées par les engelures. En été, surtout au milieu de la journée, il rencontrait un soleil si brûlant, qu'il vit un jour sur un pont les pailles fumer, comme si elles eussent été au moment de prendre feu. Les boutiquiers qui avoisinaient le pont Saint-Ange, avaient pitié de lui quand ils le voyaient passer si souvent, aux heures les plus chaudes, tout ruisselant de sueur.

Le champ de travail était donc vaste et laborieux. Or, quel était l'ouvrier qui entreprenait d'y suffire? Un pauvre prêtre, décrépit avant l'âge, voûté comme un vieillard, toujours sous la menace de quelque crise épileptique, et pouvant à peine se nourrir assez pour rester sur pied. S'il eût écouté la nature, on l'eût vu se tourmenter nuit et jour par l'appréhension de quelque nouvel assaut, tourmenter les autres par ses exigences et ses plaintes, délibérer sur ce qu'il fallait commander pour sa nourriture, et se calfeutrer dans sa chambre par crainte des impressions de l'air. D'où lui venait donc cette ardeur entreprenante, cette trempe énergique, ce mépris de la fatigue, cette force de résistance dont les médecins se montraient stupéfaits? Sa conduite n'était-elle pas une témérité? Y tiendrait-il? Ses amis, par charité, même par zèle, afin qu'il pût travailler plus longtemps, ne devaient-ils pas l'arrêter? Comment atteler un agneau à la charrue?

L'amour est fort comme la mort; le zèle est résistant comme l'enfer [1].

Aux remontrances réitérées qui lui étaient faites, Jean-Baptiste répondait un jour : *Ma mort ne porterait aucun préjudice;* le lendemain: *La charité ne cause jamais de dommage;* un autre jour : *Le chemin le plus court pour voir Dieu, c'est de travailler tant qu'on a force et santé; ensuite le Seigneur paiera dans le ciel.* Et il marchait de l'avant, et Dieu, qui est charité, lui donnait raison.

Pour en avoir la preuve palpable, il suffit de le regarder à l'œuvre. Le voilà arrivé à l'hôpital qui doit être ce jour-là le théâtre de son zèle. A peine a-t-il mis le pied dans la cour d'entrée qu'il respire à l'aise, c'est « son jardin ». Il a été vu, il est signalé ; tous se réjouissent, les uns de le regarder, les autres de pouvoir se confesser, ou simplement de l'entendre causer. En effet, comme il voit et aime en eux tous Jésus-Christ incarné, revêtu de nos misères, une ineffable bonté, une douce familiarité règnent dans sa conversation, rehaussées pourtant par un profond respect

[1] Fortis est ut mors dilectio, dura sicut infernus aemulatio (Cant. VIII, 6).

pour ceux à qui il s'adresse. C'est pourquoi il ne les tutoie pas ; il ne se contente même pas de leur dire *vous*, il emploie la formule la plus noble, celle de la troisième personne [1].

Mais voici le travail de la confession commencé. Il est rude, car il s'agit souvent de consciences très chargées, presque inextricables, et pour entendre et se faire entendre, le confesseur doit s'approcher beaucoup, il lui faut respirer de très près l'haleine du malade, et, quand la confession de celui-ci est terminée, c'est à recommencer avec un autre, et avec un autre encore. Un jour, on le vit, n'ayant d'autre moyen, se placer entre deux malades étendus sur le même lit, et confesser celui de droite, puis celui de gauche, sans compromettre le secret. Que d'âmes guéries, que de morts spirituels revenus ainsi, d'une manière inespérée, à la grâce et à Dieu !

N'ayant pu venir, sur l'heure, au secours d'un malade qui le réclamait instamment, il le trouva le lendemain soir dans une léthargie profonde ; mais à peine arrivé près de

---

[1] On sait que cette formule, usitée en italien, en espagnol, etc. part de l'idée principale, exprimée ou sous-entendue, de *votre Seigneurie, votre Révérence,* ou autres de ce genre, en continuant *veut-elle, a-t-elle pu faire ceci* etc.

son lit, il le vit ouvrir les yeux et reprendre connaissance d'une manière inespérée, prodigieuse même. Le malade put donc faire, avec toute sa lucidité d'esprit, une confession générale ; aussitôt après il retomba dans son sommeil, pour ne se réveiller que dans l'éternité. De Rossi ne savait comment remercier Dieu de cette grâce miraculeuse.

Dans une autre circonstance, un jeune homme réduit à l'extrémité par les conséquences mêmes de son inconduite, avait obstinément refusé plusieurs jours de suite les secours de la religion. Un jour, l'heure du Rosaire et de l'exercice quotidien appelé *la charité*, étant venue, le Serviteur de Dieu resté dans la salle à quelque distance du malade, profita de ce temps de répit dans son ministère, pour établir la propreté la plus complète autour des lits. Le pauvre agonisant observa tout et fut si vivement ému, si profondément édifié que, le Rosaire fini, il l'appela pour faire une confession générale ; à peine l'avait-il finie qu'il mourut, la conscience en paix, le cœur plein d'espérance.

Jean-Baptiste ne secourait pas seulement les malades qui spontanément faisaient appel à sa charité ; il alla bien des fois au-devant de ceux dont une lumière intérieure lui révélait les besoins et les plaies: c'était comme le diagnostic rapide du médecin expérimenté, c'était comme l'intuition d'un cœur de mère, et il s'y ajoutait une grâce singulière de persuasion; pour le malade, s'ouvrir, se repentir, se convertir, c'était une seule et même chose.

Il ne dédaignait pas de procurer aussi le bien corporel des malades, dont il comprenait l'importance et les heureux effets pour l'âme. C'est ce qui lui faisait écrire ces lignes dans son *Mémoire pour le règlement d'une église épiscopale:* « L'Evêque veillera à ce que les pauvres infirmes aient toute l'assistance désirable pour la santé du corps, ce qui les disposera aussi à mieux recevoir les secours spirituels. A cet effet, ce serait chose très agréable à Dieu et très utile aux malades eux-mêmes, que l'Evêque visitât souvent les hôpitaux et s'informât délicatement de la manière dont les infirmes y sont servis, tant au spirituel qu'au temporel. En même temps il s'appliquerait à les consoler; cette visite du premier Pasteur serait certainement un grand bienfait pour eux, et elle serait, pour les ecclésiastiques, un encouragement à remplir souvent cet office de piété ».

Cet encouragement, Jean-Baptiste, quoique simple prêtre, le donnait d'une manière très efficace ; mais les imitateurs n'arrivèrent jamais à égaler le modèle. Des témoins contemporains, non suspects, ont affirmé que le saint prêtre, de son vivant, avait fait plus à lui seul, à Rome, pour la conversion des pécheurs que tout le clergé ensemble.

Sainte Catherine de Sienne, Compatronne de Rome,
se dépouille en faveur d'un pauvre
qui est Jésus même.

HÒPITAL DE SANTO-SPIRITO.

CHAPITRE XVI.

Impulsions miraculeuses reçues du ciel par Jean-Baptiste,
vers des malades inconnus et en péril de perdre leur
âme. — Assistance des blessés, qu'il amène au pardon. — Ministère auprès des poitrinaires. Il les trouve
particulièrement dignes d'intérêt. — Fréquentes visites
à l'hôpital de Saint-Hyacinthe. — La clé du paradis.
— Il croit, mais à tort, avoir contracté la phtisie. —
Rencontre merveilleuse qui assure le salut éternel
d'une âme.

Dieu avait pour si agréable le zèle de son
Serviteur dans l'assistance des malades, surtout ceux des hôpitaux, qu'il ajoutait parfois,
aux grâces ordinaires du sacerdoce, déjà
bien grandes, certains secours miraculeux.
L'Esprit-Saint le portait, par une impulsion
spéciale et à son insu, précisément là où se
trouvait une âme en péril.

Un jour, il s'était rendu à Saint-Pierre
avec l'intention de ne pas visiter ce jour-là
l'hôpital du Saint-Esprit. Mais au sortir de
la Basilique une voix intérieure le stimula,
le contraignit presque de s'y rendre. Arrivé
à la cour d'entrée, la même inspiration

le poussa à s'avancer plus loin, de sorte qu'il arriva près de la pharmacie. Or il se trouva devant un malade qui avait déjà reçu l'Extrême-Onction, et il se mit à l'exhorter, lui adressant en particulier ces mots: *Auriez-vous besoin de quelque chose pour votre âme?* Et le malade de répondre, en poussant un profond soupir: *Ah! je n'ai que trop besoin de secours; je suis inquiet pour mon salut.* Et il avoua qu'il avait, dans le cours de sa vie, reçu onze fois l'Extrême-Onction sans jamais oser confesser un péché grave, se sentant enchaîné par la honte. Le Saint lui fit faire alors, d'une manière sommaire, une confession générale, et lui inspira une si vive contrition, qu'une heure après, il rendait l'âme, tout surabondant de consolation et de reconnaissance.

Un autre jour, Jean-Baptiste quittait l'hôpital de Saint-Sauveur pour venir prendre son repas; après tout son travail, il se sentait défaillir. Au moment de franchir le seuil de l'hôpital, il s'entendit appeler par un malade, qui lui demanda un verre d'eau, et de suite, s'approchant d'une fontaine voisine, il en rapporta le breuvage rafraîchissant. Mais cette eau matérielle était, comme celle du puits de Jacob dans l'histoire de la Samaritaine, une occasion pour faire jaillir, dans le cœur de l'infortuné, l'eau vive de la grâce. En effet, le Saint en le regardant fixément entendit une voix intérieure qui lui disait: *Interroge-le, interroge-le*. Il lui demanda donc s'il se sentait la conscience en paix: *Hélas! non*, reprit celui-ci, et de suite, le charitable prêtre oubliant sa fatigue, lui fit faire une bonne confession. Quelques jours après, le malade mourut, plein de joie, non sans avoir chargé un de ses camarades d'aller remercier cordialement son bienfaiteur.

Mais le trait de Providence qui suit, est encore plus frappant. Un jour, de Rossi s'était mis en chemin avec la détermination bien arrêtée d'aller à l'hôpital des Incurables; or, sans s'en rendre compte, il se trouva dans celui du Saint-Esprit. Il regarda autour de lui, sans rien remarquer de notable, et il sortit pour faire sa visite projetée aux Incurables. Chose étrange! après avoir marché assez longtemps il se trouva en face de la basilique de Saint-Pierre. C'était à se demander s'il était devenu victime de quelque perturbation mentale. Cependant, une prière faite dans la basilique le remit en paix, et il reprit fermement le dessein de se rendre enfin aux Incurables. Vains efforts! il se trouva de nouveau, après un bon parcours, en face de l'hôpital du Saint-Esprit, où tout s'expliqua : devant la porte gisait sur un brancard un homme blessé à mort dans une rixe. Sans retard il lui parla de Dieu, mais la réponse fut un torrent de blasphèmes et d'extravagances, à faire désespérer de sa conversion. Cependant Jean-Baptiste continua à l'exhorter et s'y prit avec tant de douceur qu'il l'amena à se confesser. Il lui suggéra même une si grande componction, que le malheureux acceptait ses cruelles blessures, comme expiation des offenses faites à Dieu par tous ses péchés. Il eut le temps de recevoir le Saint Viatique, fit ensuite sa profession de foi, voulut tenir jusqu'à la fin les mains du confesseur dans les siennes, et expira pendant que celui-ci prononçait sur lui ces paroles de la recommandation de l'âme : *Proficiscere anima christiana.*

Ce cas d'hommes blessés dans quelque rixe, se présentait assez souvent, et de Rossi avait la sage tactique de ne jamais leur montrer de prime abord le devoir absolu de pardonner à l'adversaire. Pendant qu'il les aidait à s'accuser sur les autres points, leur cœur s'ouvrait peu à peu ; les paroles du Saint y pénétraient comme un baume salutaire, et quand, à la fin, il abordait la question scabreuse, s'ils opposaient quelque timide résistance, c'était plutôt une répugnance qu'un refus. Alors au lieu de raisonner, il leur faisait réciter le *Pater* et, arrivés au *dimitte*, ils n'avaient pas le courage de reculer, ils achevaient; c'était le signe du pardon sincère, le gage du pardon divin, l'avant-coureur d'une sainte mort.

Telle fut la fin d'un bandit de 29 ans, transporté d'Ostie à Rome, après avoir été criblé de blessures par ses ennemis. De Rossi parvint à le confesser, et ne cessa de le visiter ensuite, comme il avait coutume de le faire, pour assurer le maintien et le développement du bien commencé. La mère du jeune homme était là, et, faisant violence à sa tendresse, elle demandait à la Très Sainte Vierge qu'il mourût à l'hôpital même, des suites de ses blessures. *Autrement*, disait-elle, *il est en péril d'être tué un jour, comme il a tué un de ses adversaires.* Mais, contre toutes les prévisions, le malade semblait entrer en convalescence, quand un jour, à l'improviste, il poussa un cri qui effraya tous les assistants: c'était une crise imprévue et si violente qu'on le tint pour mort. Un quart d'heure après il revint pourtant à lui et dit à haute voix: *J'ai été présenté au tribunal de Jésus-Christ et j'ai entendu une sentence favorable, grâce au confesseur; les retards me semblent des milliers d'années, je veux mourir pour aller en paradis.* Sur ces mots, il expira.

Il nous reste à parler d'une classe de malades qui semblent avoir été les préférés de Jean-Baptiste : les phtisiques. *Ils forment ma juridiction*, disait-il agréablement, *j'en ai le monopole.* En effet, tandis que, pour les autres malades, il attendait généralement d'être appelé, pour ceux-ci, il les cherchait; et s'il s'en trouvait que ses compagnons tardassent à lui signaler, il leur en faisait le reproche.

Deux raisons l'inclinaient à cette prédilection. *Ils se voient délaissés*, disait-il, *car on a peur de contracter leur mal, et pourtant ils sont en général assez jeunes; le sacrifice de la vie, au commencement, leur est donc très dur, de sorte qu'ils sont exposés à de pénibles tentations. Mais d'autre part*, ajoutait-il, *restant malades longtemps, ils finissent par se résigner et font une mort de prédestinés.*

Aussi venait-il visiter très souvent ceux qui étaient recueillis et soignés dans le petit hôpital de Saint-Hyacinthe, section du grand hôpital du Saint-Esprit réservée pour leur maladie [1]. Les directeurs de la maison avaient tant de confiance en lui, qu'ils lui avaient donné, pour y entrer, une clé particulière, et

[1] L'hôpital de Saint-Sauveur avait aussi son quartier réservé aux phtisiques et appelé encore aujourd'hui *Corsia di San Giacinto.*

Saint Hyacinthe Odrowatz apôtre de la Pologne, étant venu à Rome avec son oncle Yves, évêque de Cracovie, y reçut l'habit des Frères-Prêcheurs des mains mêmes de Saint Dominique qui l'envoya, après sa profession, évangéliser la Pologne et les immenses contrées du nord. Sa dévotion à Marie et les insignes faveurs dont elle fut récompensée l'ont rendu plus célèbre encore et plus populaire que les ardeurs de son zèle apostolique. Il mourut en 1257, et fut canonisé en 1594 par Clément VIII. Le récit des fêtes célébrées à Rome à cette occasion se trouve dans Séverino de Cracovie, postulateur de la cause (Rome 1594).

Entre les nombreux miracles opérés par saint Hyacinthe, on compte la guérison de divers phtisiques. Quelques uns de ses dévots ont même opiné que la fièvre de consomption dont il mourut, à 72 ans, n'était autre chose qu'une phtisie sénile, ce qui expliquerait pourquoi la phtisie est appelée *le mal de Saint-Hyacinthe.* Quoiqu'il en soit, son pouvoir d'intercession sous ce rapport est en tel crédit dans le peuple, à Rome, que lorsque quelqu'un tousse, les personnes présentes, pour éloigner de lui tout danger d'affection pulmonaire, disent: *Saint-Hyacinthe!*

Certains se sont demandé si saint Hyacinthe protecteur des phtisiques ne serait pas un saint martyr de ce nom. Les hagiographes citent plusieurs Martyrs appelés Hyacinthe; mais ni leur vie, ni leur mort, ni le culte de leurs reliques ne renferment, que nous sachions, la moindre indication qui puisse se rapporter au mal de poitrine et à sa guérison.

il disait à ses familiers en la leur montrant: *Voilà la clé du paradis !*

Il crut même avoir contracté la redoutable maladie, à force de répéter ces visites charitables : *J'étudie l'éthique,* disait-il à ses amis, faisant un jeu de mots sur le double sens du mot *éthique,* partie de la philosophie concernant la direction des mœurs, et *étique,* malade atteint de pthisie. Cette fois il se trompait; un autre mal devait mettre fin, plus tard, à sa frêle existence.

Dieu daigna, par un fait merveilleux, encourager ce zèle pour l'assistance des poitrinaires. Un jour, après avoir fait sa visite générale à l'hôpital du Saint-Esprit et sa visite privilégiée au petit hôpital de Saint-Hyacinthe, il revenait à sa demeure, lorsque, passé le pont Saint-Ange, il se sentit inspiré, sans savoir pourquoi, de rebrousser chemin. Après avoir hésité, il prit pourtant le parti de retourner à Saint-Hyacinthe. Or il rencontra, devant l'entrée, des porteurs qui amenaient sur une civière un phtisique très avancé, presque mourant. Il s'empresse de l'accompagner, l'aide à se mettre au lit et lui demande tout bas s'il se sent la conscience en paix. *Ah mon Père !* reprend le malade, *je n'ai jamais fait une bonne confession, car j'ai persisté, depuis mon enfance, à cacher un péché.* Sans retard il fit une confession générale et, après quelques jours de maladie, il expirait entre les bras du Saint, dans des sentiments de grande componction.

Celui-ci, par respect pour le secret sacramentel, ne dit mot de cette conversion, mais le malade eut le temps d'en raconter les détails, persuadé qu'il était honorable de révéler les œuvres de Dieu [1].

[1] Opera autem Dei revelare honorificum est (Tob. xii, 7).

*Le thaumaturge saint Hyacinthe
grand serviteur de*
MARIE.

BENOÎT XIV LAVE LES PIEDS À DOUZE PRÊTRES
À LA TRINITÉ DES PÈLERINS.

CHAPITRE XVII.

Relations entre la perfection sacerdotale et l'amour du peuple
chrétien. — Jean-Baptiste de Rossi favorise les œuvres
sacerdotales. — Il prend sa résidence parmi les prêtres
de la Trinité des Pèlerins. — Il a l'esprit de leur association sans en être membre actif. — Son estime pour
la vie commune dans le clergé.

Être l'*homme de Dieu*, c'est être aussi,
par une infaillible et heureuse conséquence,
l'*homme du peuple chrétien*, ce peuple tant
aimé du Sauveur. En s'employant à faire
monter les prêtres vers l'idéal divin de leur
vocation, saint Jean-Baptiste de Rossi n'aban-
donnait donc pas sa mission auprès du peuple,
il la complétait au contraire, et faisait en sorte
qu'elle pût s'étendre et lui survivre.

C'est ce qui explique sa sollicitude pour
attirer l'abondance de l'Esprit Saint sur les
Ordinands. La veille des grandes Ordinations
à Saint-Jean de Latran, il avait adopté la
pieuse habitude de se rendre à Saint-Pierre,
en compagnie de quelques prêtres de sa confiance, et il les invitait à demander instamment

avec lui aux saints Apôtres « que ceux qui devaient être ordonnés le lendemain eussent un véritable esprit ecclésiastique, et ne fussent pas seulement *bons pour eux*, mais secourables au peuple chrétien ». Etant occupé loin de Rome quand un de ses protégés fut ordonné sous-diacre, il lui écrivit une lettre si instructive et si belle, qu'ensuite les prédicateurs s'en servirent pour préparer les clercs aux saints Ordres.

Cet aspect de la vie de Jean-Baptiste mérite d'être étudié avec soin et respect. C'est pour qu'il travaillât mieux à ce genre de bien, que la Providence lui assigna sa place dans les rangs du clergé séculier ; vraiment *dans les rangs*, puisqu'il n'eut jamais ni prélature, ni haute juridiction. Ainsi les simples prêtres pouvaient dire: « C'est l'un des nôtres, c'est notre gloire »; et on avait droit de leur répondre: « Oui, pourvu que vous le preniez comme modèle ».

Rome possédait de nombreuses associations organisées pour le bien du clergé, surtout le bien spirituel [1]. Jean-Baptiste les

[1] On cite, parmi les principales, la communauté ou *convict* des prêtres de Saint-Pantaléon, — l'institut des cent prêtres et vingt clercs, — la conférence ecclésiastique, — la conférence des cas de conscience au Jésus, — la confé-

encourageait toutes et appartenait à plusieurs d'entre elles, en particulier à celle de Caravita, dédiée aux Saints Apôtres. Une des obligations de cette dernière lui allait singulièrement à l'âme; elle consistait à faire chaque jour un acte de foi et un acte de contrition: l'un pour s'unir à la protestation de saint Pierre, disant à Jésus: *Vous êtes le Christ, Fils du Dieu vivant;* l'autre pour s'unir à sa douleur, lorsque, après son reniement, il se mit à verser des larmes amères.

Jean-Baptiste s'était montré, dès sa promotion au sacerdoce, l'exemple du nombreux clergé attaché au service de l'église de Sainte-Marie in Cosmedin [1]; on l'avait vu plus d'une fois, pour assurer le bon ordre des cérémonies, sonner lui-même la cloche, allumer les cierges, préparer les ornements, approcher l'escabeau pour la Bénédiction. Remarquant un jour un clerc qui refusait de

rence sacerdotale, – la congrégation des prêtres pieux-ouvriers, – le *convict* ecclésiastique de Saint-Jean des Florentins, – la réunion des prêtres confesseurs à Saint-Laurent en Damase etc.

[1] On peut avoir une idée de son importance et de ses divers officiers dans le livre: *Constitutiones insignis Basilicae diaconalis Collegiatae et Parochialis Ecclesiae S. Mariae in Cosmedin de Urbe, Romae MDCCCII. Ex typographia Rev. Cam. Apost.*

faire acolyte, au lieu de parlementer, il avait endossé le surplis, saisi le chandelier et marché vers l'autel, laissant tout confus dans la sacristie l'abbé réfractaire.

Quand il se fut inscrit parmi les prêtres dévoués aux œuvres hospitalières de Santa-Galla, il donna à leur zèle plus d'essor et d'étendue. Ils acquirent bientôt une telle estime que ce titre risquait d'être exploité comme moyen d'avancement. C'est pourquoi Jean-Baptiste exigea de ses collaborateurs la promesse formelle (et il la leur rappelait souvent), que jamais, dans les concours, pétitions, suppliques quelconques, ils n'allégueraient, comme titre, leur qualité de membre de l'association; il ne demandait pas d'eux un serment, mais leur parole d'honneur [1]. Son désir était qu'ils eussent pour unique titre, pour unique privilège, celui de réaliser à la lettre la parole du Sauveur: *L'Esprit du Seigneur est sur moi, c'est pourquoi il m'a oint et m'a*

---

[1] Cette clause est encore spécifiée aujourd'hui dans le diplôme d'admission des prêtres agrégés à la confrérie. Il y est dit: « Vous vous dévouerez d'autant plus volontiers à l'Œuvre de charité dans laquelle vous êtes admis, que vous serez assuré de le faire sans en attendre de récompense, si ce n'est de Dieu seul. Car, en vertu d'une coutume toujours maintenue parmi nous, nul ne peut faire valoir dans aucune requête, pour être plus facilement exaucé, le titre de membre de la Pieuse Union ».

*envoyé évangéliser les pauvres et guérir ceux
dont le cœur est brisé* [1].

Une grande partie de la vie sacerdotale
de notre Saint s'écoula dans la société des
prêtres attachés à l'hospice de la Trinité des
Pélerins, dont la fondation, on le sait, est due
à saint Philippe de Neri; il y entra le premier mai 1747, et y resta jusqu'à sa mort,
c'est à dire près de vingt ans. Le Cardinal
Antoine-Marie Erba, encore simple prélat et
primicier de cette institution charitable, lui
avait ménagé là une place, et l'avait presque
contraint à l'accepter, pour l'arracher à son
grenier mal aéré de Sainte-Marie in Cosmedin; sa santé ne pouvait y tenir, et tous ses
effets en disparaissaient pour passer entre les
mains des pauvres. Ici du moins, grâce à la
vigilance de la Prieure, préposée au matériel
de la maison, le vestiaire du Saint serait mis en
bon état et tenu sous bonne garde. Le plan,
sous ce dernier rapport, réussit assez mal, car
Jean-Baptiste déroutait toute surveillance;
s'il avait deux objets, il en donnait un et le
meilleur; s'il n'en avait qu'un, il le donnait
encore, cachant de son mieux cette disparition.

---

[1] Spiritus Domini super me, propter quod unxit me,
evangelizare pauperibus misit me, sanare contritos corde
(Luc. IV, 18).

Ses chaussures, ses tricots, ses chemises, ses draps de lit, tout s'en allait comme par enchantement. Les lingères de l'hospice en étaient au désespoir, car à force de raccommoder ses vieux vêtements, elles ne savaient plus où y mettre les points.

Pour d'autres, moins pénétrés que lui de l'esprit du sacerdoce, cette résidence à la Trinité des Pèlerins eût été un fardeau. « N'avoir pas son chez-soi, subir le joug d'un règlement, se voir astreint à bannir du matin au soir, le doux sans-gêne de la vie domestique, pour y substituer partout et en tout une tenue digne, modeste et grave, érigée en convenance sociale! Pourquoi tant de contrainte, gratuitement surajoutée aux lourdes obligations du sacerdoce? » Ainsi eût parlé un ecclésiastique ami de la nature, à moitié séculier par le cœur. Mais pour de Rossi cet assujettissement n'était pas un poids, c'était un soulagement, une consolation, la source de nouveaux bienfaits. Il respirait, dans ce milieu, l'esprit de religion, nulle part ailleurs il ne paraissait aussi dilaté; sa messe, son office, son assistance aux fréquentes cérémonies dans l'église, tout y gagnait, et tout l'élevait au-dessus de lui-même, tout le mettait en conformité avec le prêtre par excellence: JÉSUS-CHRIST [1].

Il voyait donc enfin satisfait son attrait de longue date, de mener la vie commune en compagnie d'autres prêtres édifiants. Ceux qui lui ouvraient leurs rangs l'étaient d'une manière remarquable; l'esprit de saint Philippe de Néri régnait toujours chez eux. Quoiqu'ils

[1] L'ouvrage italien intitulé « *Le clergé séculier dans sa splendeur, ou de la vie cléricale en commun, par Pompée Sarnelli* (Roma MDCLXXXVIII, *nella Stamperia della Reverenda Camera Apost.*) traite en vingt chapitres la question de la vie commune au point de vue historique et pratique: 1° De l'état clérical. 2° De l'étymologie du mot « clergé ». 3° Pourquoi dit-on « le clergé seculier » ? 4° De la vie commune en général. 5° De la vie commune primitive des clercs. 6° De la vie commune cléricale du second genre, 7° De la vie commune cléricale du troisième genre. 8° Si les clercs vivant en commun étaient liés par des vœux. 9° On distingue trois classes de clercs vivant en communauté. 10° Des Chanoines de la Cathédrale vivant en commun. 11° Etymologie du mot « Chapitre », comme signifiant un Collège canonial. 12° Des Chanoines des Collégiales, vivant en commun. 13° Des offices du Prévôt et du Doyen. 14° Des clercs de paroisse, vivant en commun. 15° Quand et comment s'introduisit la vie séculière dans le clergé. 16° Progrès de la vie commune cléricale. 17° Que la vie commune et le ministère des Apôtres resta dans le Clergé, et que la vie commune des premiers laïques chrétiens, fondée par les Apôtres, fut continuée par les moines. 18° Que l'Institut des moines est presque le même que l'Institut clérical. 19° Saint Pierre-Damien Cardinal de la Sainte Eglise Romaine excita les Chanoines séculiers à reprendre la vie commune. 20° Exhortation à tous, de reprendre la vie commune.

formassent une corporation sans vœux, ils veillaient avec soin au recrutement des sujets; l'aspirant devait faire une retraite, et on cherchait, en étudiant son esprit, à s'assurer de ses dispositions sur trois points entre autres: total désintéressement des biens temporels, car ayant souvent l'occasion d'accepter des cadeaux, il devrait refuser; inclination marquée pour les mœurs sacerdotales et pour la décence dans le port de l'habit ecclésiastique; zèle pour les cérémonies sacrées et le culte divin. — Les ex-religieux n'étaient pas admissibles.

Quoique Jean-Baptiste ne fût pas incorporé à la société des prêtres de la Trinité, ne pouvant restreindre son apostolat aux œuvres locales fixées par leurs statuts, il leur appartenait vraiment par l'esprit, le cœur, les mœurs. Son désintéressement en particulier était digne de leur servir de modèle. Ils purent s'en convaincre, lorsqu'un prêtre de ses pénitents, procureur de la Congrégation des Rites, lui laissa pour subvenir à ses besoins cinquante écus. L'exécuteur testamentaire étant venu les lui apporter, le vit s'émouvoir comme si quelque malheur l'eût frappé. Enfin il accepta, à condition de laisser, à cet homme de confiance, toute la somme en dépôt.

Mais à quelque temps de là, il l'appela en grande hâte et lui dit : *Le dépôt m'inquiète, cette nuit je n'en ai pas dormi ; voici une liste de pauvres et d'établissements pieux, veuillez leur distribuer tout.*

Autant il se sentait heureux de vivre dans ce milieu embaumé et vivifié par l'esprit ecclésiastique, autant il était affligé de rencontrer dans la ville des ministres de Dieu oublieux de cet esprit, au grave détriment des âmes. Son zèle n'y tenait plus, et l'eût fait tomber en défaillance [1]. Non seulement il gémissait mais il agissait, se croyant obligé, par charité, de remédier au mal, autant qu'il était en lui ; il le signalait donc aux supérieurs majeurs. Un jour, un confesseur, par suite de ces informations confidentielles, dont on faisait le plus grand cas, se vit retirer ses pouvoirs ; l'émoi fut d'autant plus grand, qu'il avait parmi ses pénitents un cardinal. Aussi des démarches furent-elles entreprises pour faire révoquer la mesure, et elles aboutirent ; la veille du dimanche des Rameaux, il devait être réintégré. Mais, le jour fixé, au lieu de le voir siéger au confessionnal, où le

[1] Defectio tenuit me, pro peccatoribus derelinquentibus legem tuam. — Vidi praevaricantes et tabescebam (Ps. cxviii, 33, 58).

trouva-t-on? Dans un cercueil!... Coïncidence fortuite, dira le rationaliste; *le doigt de Dieu est là*, pensèrent tout bas les bons prêtres.

Si, au contraire, Jean-Baptiste voyait quelque jeune ecclésiastique instruit, prudent et pieux, il s'ingéniait à lui trouver les occasions d'employer ses aptitudes et s'entremettait au besoin, pour lui obtenir dispense d'âge comme confesseur. En général, il s'intéressait au bien du jeune clergé, et s'il apprenait la maladie de quelque ecclésiastique d'espérance, il s'offrait à Dieu pour mourir à sa place; *car*, disait-il, *je suis un ouvrier inutile; quel mal y aurait-il si je disparaissais?* L'inutilité du prêtre, quoique par ailleurs d'une conduite correcte, était à ses yeux un malheur déplorable, que l'inaction vînt d'une timidité excessive ou de l'attachement égoïste à une vie tranquille.

De si nobles efforts, de si beaux exemples ne pouvaient rester sans fruits. De Rossi fit école, et l'on vit se multiplier à Rome les prêtres selon le cœur de Dieu, irréprochables dans leur conduite, non seulement en ce qui concerne les exercices du culte divin, mais partout. C'étaient des hommes amis du devoir, supérieurs au respect humain et aux idées mondaines, voués corps et âme à toutes les formes de l'apostolat, mais surtout à celui des humbles, des délaissés et des pauvres.

L'univers entier put admirer cette efflorescence de l'esprit de religion dans le clergé de Rome, à l'occasion du Jubilé que Benoît XIV accorda en 1750 [1]. Il avait eu soin de recommander préalablement aux Evêques et aux curés, par la Constitution *Annus qui nunc*, et aux Cardinaux par l'allocution *Annus Iubilaei*, de veiller à la tenue décente et à l'embellissement de leurs églises respectives, pour l'édification des fidèles qui allaient accourir de toutes parts. Cent cinquante mille reçurent l'hospitalité à la Trinité des Pèlerins. Le Pape s'y rendit en personne, lava les pieds à douze prêtres et servit ensuite tous les autres à table, assisté de vingt-deux cardinaux. Avant de se retirer, il remit comme don à chacun des convives, une serviette, deux médailles d'argent et un bouquet de fleurs.

---

[1] C'est la 18e *Année Sainte*, sans parler des Jubilés spéciaux accordés par les Papes à des époques irrégulières, en vue des graves besoins de l'église, où d'autres circonstances exceptionnelles. Benoît XIV se prépara au Jubilé de 1750 par une retraite de dix jours, et, quoique d'un âge assez avancé, il fit exactement les trente visites prescrites. Divers Juifs se convertirent alors et il voulut baptiser lui-même six d'entre eux.

Mais si cette auguste visite fut pour les pèlerins un objet d'admiration, que ne durent pas gagner en piété intérieure ceux d'entre eux, laïques ou prêtres, qui recoururent au ministère de Jean-Baptiste de Rossi! et quelle douce impression ne durent-ils pas tous emporter dans leur patrie, du spectacle de ses vertus!

Jésus en pèlerin, prié d'accepter l'hospitalité. (B. Angelico).

SAINT PHILIPPE DE NÉRI, FONDATEUR
DE LA TRINITÉ DES PÈLERINS.

CHAPITRE XVIII.

Emulation de Jean-Baptiste pour l'acquisition de la science
ecclésiastique. — Estime que font de ses lumières des
prêtres, des évêques et Benoît XIV lui-même. —
Quelques-unes de ses maximes. — Zèle courageux
à l'égard d'ecclésiastiques répréhensibles ou incapables. — Retraites annuelles et mensuelles. — Leçon
de charité entre prêtres.

L'avantage de trouver à la Trinité des
Pèlerins un foyer d'esprit de religion, un
centre de vie commune, n'était pas le seul
que Jean-Baptiste ambitionnât; il espérait y
cultiver plus facilement et y propager même
la science ecclésiastique, surtout la morale.
Dans ce but, en effet, des cas de conscience y
étaient traités à jour fixe, et quand Jean-
Baptiste y donnait son avis, on eût dit un
recueil des moralistes les plus éclairés, auquel
il ne manquait que l'indication des noms.
Pourtant, ni sa santé, ni ses occupations acca-
blantes ne lui avaient permis de feuilleter et
de comparer les auteurs dans cette matière;
mais il avait une connaissance approfondie
de l'Evangile, dont les maximes générales,

complétées par l'étude du droit positif et appliquées avec discernement aux cas pratiques, lui servaient à donner ces solutions modestes et lumineuses, dont on était émerveillé. S'il le fallait, il se posait même en contradicteur. Un prêtre ayant soutenu que la communion spirituelle était aussi utile que la communion sacramentelle, sans expliquer les causes particulières qui pouvaient justifier l'assertion, en soi paradoxale, le Saint fit en sorte qu'un autre prêtre, dans une réunion suivante, sans s'inscrire en faux, reprit adroitement la question en sous-œuvre, de façon à rétablir la vérité et à venger la prééminence de la communion sacramentelle.

Il ne sera pas inutile de citer, au moins en substance, certaines des maximes que Jean-Baptiste, en homme d'expérience consommée, redisait aux ecclésiastiques avec plus d'insistance :

« Appliquez-vous tout d'abord à votre propre perfection; donnez à la méditation au moins une demi-heure chaque matin, avant de sortir de la chambre, si c'est possible; que votre examen du soir porte, non seulement sur vos défauts personnels, mais sur ceux que vous aurez commis dans le service des âmes ».

« Aimez la vérité et la sincérité dans le langage, conformément au précepte de l'Evangile: *Que votre discours soit: oui, oui, non, non* ». – Un prêtre s'étant permis devant lui un mensonge, il ne put retenir cette réflexion: *Ne savez-vous donc pas que le mensonge déplaît à Dieu? et vous le commettez, vous qui avez toujours Saint-François de Sales dans les mains!*

« Ayez un plus grand amour encore des vérités de la foi et de leur intégrité, sans altération aucune ». – C'est pourquoi il disait souvent: *Ah! s'il m'était donné de mourir pour la foi!* Dans cet esprit, il recommandait une dévotion spéciale aux saints Apôtres Pierre et Paul, colonnes de la foi.

« Dans l'office de confesseur, poursuivait-il, ne témoignez ni surprise, ni horreur pour les fautes graves du pénitent ». – Il racontait à ce propos avoir réconcilié à Dieu un homme qui, depuis vingt ans, ne se confessait plus, parce que le confesseur, à la première accusation, lui avait fermé le guichet en lui disant tout courroucé: *Va! tu es un damné.*

« Ne montrez pas, au début de la confession, les sacrifices qui seront la condition de l'absolution, le pénitent pourrait s'en effrayer et s'entêter dans le refus; mais travaillez à le disposer peu à peu ».

« Permettez aux pénitentes spécialement adonnées à la spiritualité, d'aller quelquefois à un autre confesseur, et ne vous fiez pas trop vite à leur sincérité ».

« Ne soyez pas facile à accorder la communion quotidienne, ni même plusieurs fois la semaine. Il se produit, en cette matière, beaucoup d'illusions ».

« S'il y a des personnes nobles parmi celles dont vous êtes chargé, n'allez chez elles qu'autant que la convenance l'exige, pour éviter des grandes pertes de temps et ne pas vous exposer à une diminution d'estime de la part du peuple ».

« Quand les pauvres ont besoin de certaines dispenses et permissions ecclésiastiques, allez les solliciter vous-même; vous serez plus vite écouté, et ils seront plus vite satisfaits ».

« N'acceptez pas d'intervenir, comme confesseur, dans les affaires de famille entre mari et femme, entre maîtres et domestiques; de graves inconvénients en résultent presque toujours ».

« Gardez-vous d'user de votre influence pour incliner les malades à faire dans tel ou tel sens leur testament, surtout si ce doit être au détriment des familles. Il suffit de leur rappeler, en général, le devoir qu'ils ont de mettre en règle leurs affaires temporelles ». — Lui-même était très délicat sur ce point, à l'imitation du B. François de Possadas, mort en 1713, et dont, à Rome, on se racontait alors les éminentes vertus [1].

« Abstenez-vous de faire l'aumône au confessionnal, qui est destiné à remédier aux misères spirituelles. Autrement, vous risquez de faire commettre des sacrilèges. — Cependant, ajoutait-il en donnant cette règle et d'autres de ce genre, la maxime n'est pas absolue, il y a lieu quelquefois à des exceptions. C'est l'affaire du discernement ».

« Pour les aumônes à distribuer en dehors du saint tribunal, mieux vaut, dans le doute, vous exposer à assister celui qui n'en est

[1] Une femme de Cordoue avait institué pour son héritier universel le Couvent de Saint Paul, de l'Ordre des Frères-Prêcheurs. Le Bienheureux François de Possadas, quoique membre de ce couvent, lui persuada de révoquer ce testament, vu qu'elle avait des parents dans la gêne. Le Prieur se montrant peu satisfait de ce conseil : *Mon Père,* reprit François, *je crois avoir fait le bon plaisir de Dieu. Allons à la maison de l'infirme pour avoir plus formelle réponse.* Ils y vont et la trouvent morte. Le Serviteur de Dieu l'interroge néanmoins, et ouvrant les yeux elle répond : *C'est parce que j'ai suivi votre conseil que je suis dans un bon état.*

pas digne, qu'à refuser le secours à celui qui le mérite ».

« Les retraites pascales, prêchées aux ser-viteurs dans les grandes familles, ont un bon côté, mais elles ne sont pas sans danger; il est à craindre que des serviteurs mal disposés ne communient par respect humain. Si, après avoir fait tous vos efforts, vous ne réussissez pas à obtenir d'eux l'indispensable, aucune considération extérieure ne peut vous auto-riser à les absoudre. Absoudre celui à qui manquent les dispositions nécessaires, c'est le trahir ».

« Ne perdez pas le temps avec les bigotes et les visionnaires; les âmes des fidèles sont là qui attendent de vous le secours ».

« Pour ce qui concerne la prédication fami-lière, il est bon de ne pas s'assujettir à écrire tout et à tout dire à la lettre ».

« On doit s'abstenir en chaire d'aborder des sujets discutables ».

« S'il y a lieu de traiter les matières relatives à la pureté, il faut le faire avec une telle circonspection que ceux-là com-prennent qui en ont besoin, sans que d'autres soient blessés et scandalisés ».

« Les affaires contentieuses doivent être traitées avec douceur et mansuétude; évitez-y,

comme une peste, l'obstination et l'indignation, et montrez clairement que vous cherchez
uniquement le service du Seigneur et le bien
des âmes. Jésus-Christ a vaincu le monde
par l'humilité et la patience ; nous ne devons
pas prendre une autre manière pour le vaincre
à notre tour ».

« Dans les choix à faire pour les charges
concernant le ministère des âmes, s'il y a deux
candidats proposés, l'un plus ardent, l'autre
plus doux et plus réfléchi, préférez ce dernier, car la violence ne peut que gâter les
choses ».

« Si quelque difficulté se rencontre, mar-
chez à pas de plomb et demandez l'avis des
plus anciens, avant de déterminer ce qui est
le plus expédient pour le service de Dieu ».

Mais c'était souvent à l'occasion de quelque circonstance particulière, qu'on demandait au sage conseiller une prompte décision, et après avoir réfléchi un instant, il la
donnait si juste que jamais personne, prêtres,
évêques, cardinaux, ne regretta de l'avoir
consulté.

Certains ecclésiastiques, des curés, des
prélats, venaient aussi à lui pour avoir des
conseils plus étendus sur telle ou telle partie

de leur saint ministère; et avec un à-propos qui était l'effet de la grâce, lui, très souvent incapable d'écrire un simple billet, il pouvait sur le champ dicter à chacun quelque petit traité pratique, plein de l'esprit de Dieu, propre à lui servir, d'une manière permanente, comme règle de conduite. Pour expliquer la réussite inespérée de ces travaux il disait: « Pendant ma dictée je faisais prier mes pauvres; de là ma facilité et le bon résultat ».

Benoît XIV lui-même voulut avoir son avis sur les abus à corriger et les mesures à prendre pour faire progresser à Rome l'esprit ecclésiastique dans le clergé, en sorte qu'il y fût parfaitement digne de la métropole du monde catholique. Le Saint signala, dans un mémoire, les maux à guérir, en particulier la dissipation et la négligence, suggérant pour chaque mal les moyens pratiques d'arriver à la guérison par la douceur, sans avoir besoin d'en venir à des mesures de rigueur et d'éclat. Et l'on assure que le grand Pontife accueillit avec une satisfaction marquée le travail du Serviteur de Dieu.

Il faut dire que si de Rossi conseillait bien, c'est qu'il était bien conseillé lui-même, ayant ses maîtres invisibles, les Saints, surtout ceux qui sont les modèles et les patrons spéciaux du clergé, comme saint Thomas de Villeneuve, saint Charles Borromée, saint François de Sales, saint Vincent de Paul, saint Philippe de Neri. Ce dernier surtout était son privilégié; il lisait et relisait avec délices sa vie, ses maximes, jusqu'à certains traits d'esprit que l'on appellerait aujourd'hui humoristiques; et il imitait de si près son modèle de prédilection qu'on a pu l'appeler : *un autre saint Philippe*. Avait-il à résoudre quelque cas où il ne voyait pas clair, il disait : *Allons consulter le bon vieux*, et il se dirigeait vers le sanctuaire de la *Chiesa-Nuova*, où le corps de saint Philippe est conservé.

La retraite est un des moyens incontestablement les plus efficaces pour entretenir ou ranimer l'esprit ecclésiastique. Jean-Baptiste de Rossi, ne trouvant pas généralisée de son temps l'habitude de la retraite annuelle, si nécessaire et si heureusement établie de nos jours, recommandait aux prêtres de s'y appliquer spontanément, au moins tous les deux ans, pendant huit ou dix jours. Quand ces Exercices avaient lieu à Rome, il y apportait son concours avec un empressement particulier, soit comme confesseur, soit comme prédicateur. *Hélas !* disait-il en gémissant, *toutes les classes de personnes ont pour elles des instructions spéciales, et ce sont les prêtres qui sont les moins bien partagés !* Les Lazaristes de Rome, dont la maison était organisée pour recevoir en grand nombre les diverses catégories de retraitants, lui confiaient volontiers le soin de faire les conférences aux prêtres. Sa parole y était encore plus pathétique que dans les sermons au peuple ; la pensée qu'il s'adressait à ceux qui sont *la lumière du monde, le sel de la terre*, l'espoir de l'Eglise, grandissait son esprit, dilatait son cœur, donnait à ses accents quelque chose de plus imposant et de plus persuasif ; on en gardait longtemps l'heureuse impression.

Il en était de même des Exercices spirituels que, dans le cours de ses missions, il donnait spécialement pour le clergé, ne fût-ce que pendant trois ou quatre jours. Les religieux du pays y accouraient aussi, fermant leur couvent pour que toute la communauté pût jouir du bienfait, tant l'Esprit de Dieu se faisait sentir dans ces méditations et ces discours.

Quant aux exercices mensuels alors en usage, et qui étaient comme le prélude de la retraite du mois, si heureusement organisée partout maintenant, sous des formes diverses, il les encourageait de toutes ses forces et se montrait toujours prêt à y prêcher. S'il y venait comme simple assistant, sa présence, à elle seule, valait une prédication.

La confession, une confession plus soignée sous le rapport de l'examen, plus fructueuse sous le rapport de la componction et des saintes résolutions, faisait partie de ces retraites ecclésiastiques ; Jean-Baptiste de Rossi s'y employait avec le plus religieux empressement. Même en dehors des retraites, ce ministère le trouvait toujours zélé, toujours charitable, pourvu que les pénitents y apportassent le soin, la bonne volonté, le respect convenables. Un jeune ecclésiastique de famille princière ayant manifesté, au moment de se mettre en voyage, le désir de conférer avec lui, il se rendit complaisamment au palais. Or, c'était pour se confesser, et le pénitent s'apprêtait à le faire en robe de chambre, plus par inconsidération que par irrévérence. Jean-Baptiste n'hésita point à lui faire observer que ce n'était pas la tenue requise pour un si grand acte. Sur le champ, le jeune abbé alla se mettre en habit ecclésiastique, se confessa très pieusement, et ne montra que de la reconnaissance pour cette liberté apostolique.

Le Saint fut moins heureux à l'égard d'un diacre qu'il rencontra dans une petite ville. Tout le monde était scandalisé de sa conduite dépravée, et rien ne pouvait le faire rentrer en lui-même. Jean-Baptiste l'aborda, lui fit toutes les prières, toutes les remontrances que pouvait lui suggérer son zèle. Rien n'arrivant à fléchir ce cœur impénitent, il en vint à lui dire: *Si vous ne laissez cette liaison, vous mourrez certainement.* Le ciel se chargea de lui donner raison; car peu de jours après, l'infortuné jeune homme expirait sur le perron de l'église, frappé à mort par son beau-frère, qui, dans cette scandaleuse affaire, était l'offensé.

Mais l'intégrité des mœurs serait peu sans la charité. Or, que dire d'une charité sacerdotale qui se croirait sans reproche, parce qu'elle accorde les témoignages de bienveillance strictement nécessaires pour éviter le scandale et le péché grave, excusant du reste, érigeant presque en vertu la froideur des paroles et la hauteur des manières? C'était la théorie d'un prêtre en désaccord avec un collègue, pour une misérable question d'amour-propre littéraire. Jean-Baptiste de Rossi lui écrivit, avec une franchise vraiment amicale et pleine de l'esprit de Dieu :

« A mon grand regret j'apprends que la rupture avec la personne bien connue, dure encore, et j'ai motif de craindre que vous n'ayez persisté à la fomenter en omettant ce qui était de votre strict devoir. Car, pour parler en vérité et devant Dieu, vous avez manqué en cette affaire au commencement, au milieu, à la fin. Je vous prie, pour l'amour du Sauveur, de faire tout votre possible afin d'apporter un remède efficace et d'empêcher que le mal ne se prolonge, ce qui donnerait gain de cause au démon. Soumettez-vous, autant qu'il vous est possible, à toutes les humiliations que vous estimerez les plus opportunes, et confessez-vous vraiment coupable, de façon à en finir avec tous ces dissentiments... Prenons garde que tout cela ne vienne d'un oubli total de ce bon esprit, qui jusqu'ici a dominé en vous deux. Pour l'amour de Dieu, rentrez sérieusement en vous-même et humiliez-vous, soit devant Dieu, soit aussi devant les hommes, et ainsi, je l'espère, la paix que vous avez altérée, refleurira. J'ai toute confiance que notre Sainte (Thérèse) vous obtiendra un vrai esprit d'humilité *et tous les biens vous viendront avec lui.* Je serai heureux, pour ma consolation, d'apprendre cette bonne nouvelle. *Que la paix soit avec vous et que la grâce de Notre-Seigneur Jésus-Christ soit avec vous tous* ».

Ce qu'il enseignait si bien, il était le premier à le pratiquer, et jusqu'au scrupule. Car si, pour égayer la conversation, il faisait quelque plaisanterie innocente dont un des interlocuteurs à l'esprit mal fait se montrât offensé, il prenait les devants et allait cordialement, avant le coucher, lui en faire excuse.

Un dernier trait, dans sa simplicité, résume bien tout ce qui vient d'être dit de Jean-Baptiste de Rossi, de son esprit sacerdotal et de ses enseignements. Dans une de ses maladies, ayant reçu le Saint Viatique et se croyant près de mourir, il appela un de ses disciples pour lui donner un dernier gage de son affection; or il lui dit: *Je veux, comme souvenir, vous léguer mon bréviaire avec cette recommandation suprême:* Aimez Dieu et soyez un vrai ecclésiastique.

Ainsi pratiquait-il et faisait-il goûter aux prêtres l'enseignement du Prince des Apôtres, dont il visitait si souvent et avec une foi si vive le tombeau: « Je conjure ceux d'entre vous qui sont prêtres, moi leur compagnon dans le sacerdoce et témoin des souffrances du Christ, mais appelé aussi à partager sa gloire au jour où elle sera manifestée : Paissez le troupeau de Dieu qui vous est confié, veillant sur lui non par contrainte, mais de vous-même selon Dieu ; non en vue d'un gain sordide, mais volontairement ; non en voulant dominer sur ceux qui constituent l'héritage du Seigneur, mais en vous rendant les modèles du troupeau par une vertu sincère. Ainsi lorsque le Prince des pasteurs paraîtra, vous recevrez une couronne de gloire qui ne se flétrira jamais » [1].

[1] Seniores ergo, qui in vobis sunt, obsecro, consenior et testis Christi passionum : qui et eius, quae in futuro revelanda est, gloriae communicator. Pascite, qui in vobis est, gregem Dei, providentes, non coacte, sed spontanee secundum Deum : neque turpis lucri gratia, sed voluntarie : Neque ut dominantes in cleris, sed forma facti gregis ex animo : Et cum apparuerit princeps pastorum, percipietis immarcescibilem gloriae coronam (I, Petr. v, 1, 2, 3, 4).

Basilique de Saint-Pierre.
Vue de l'Académie de France (Villa Medici).

SAINT LÉONARD DE PORT-MAURICE
VIENT PRÊCHER LA MISSION À SANTA-GALLA
SUR L'INVITATION DE J.-B. DE ROSSI.

CHAPITRE XIX.

Affinités entre la vie cléricale et la vie religieuse. — Comment saint Jean-Baptiste de Rossi pratique l'esprit des trois vœux de religion. — Son estime et son dévouement pour les Frères-Mineurs ; - pour les Pères de la Compagnie de Jésus ; - pour les Frères-Prêcheurs, en particulier ceux de Sainte-Sabine ; - pour les Frères de Saint-Jean de Dieu, etc. — Intérêt qu'il prend à la décision des vocations religieuses et à la formation des novices. — Importance qu'il donne à l'humilité et à la patience, dans les critiques et offenses auxquelles le religieux est exposé.

Quiconque regarde avec les yeux illuminés du cœur la richesse des grâces départies au Clergé séculier et aux Ordres religieux, ne se lasse pas d'admirer et de bénir la Providence. Il n'y a ni opposition ni même disjonction, mais heureuse dispensation de biens, pour aboutir à l'unité, fortifiée et embellie par la variété.

La vie de Jean-Baptiste de Rossi fait ressortir cette harmonie du plan divin. Il ne se rangea dans aucune milice religieuse, autre étant sa vocation ; mais il eut ce qui appartient à l'essence de toutes, et il apprécia, il favorisa, dans chacune, ce qui constitue son caractère propre, sa grâce distinctive. Il comprenait que ces formes diverses de la sainteté concourent merveilleusement à perpétuer dans son ensemble l'œuvre de la Rédemption, et à reproduire dans leur plénitude les aimables perfections de Jésus-Christ.

L'essence de tous les Ordres religieux, c'est la pratique des trois vœux. Que manque-t-il sous ce rapport à notre Saint?

Il fut pauvre, de fait et d'esprit. On se rappelle l'engagement pris au jour de son ordination de n'accepter jamais aucun bénéfice: sorte de vœu de pauvreté, qui impliquait en même temps la pratique de l'obéissance, l'engagement étant subordonné à la décision du confesseur. Même dans les conditions matérielles de son séjour comme prêtre, chez le chanoine Laurent, il était en réalité fort pauvre, n'ayant aucune ressource propre, et recevant jour par jour de son parent le logement, le vêtement, la nourriture, comme don volontaire, ce qui le tenait dans une perpétuelle dépendance.

Cette disposition d'absolu renoncement aux biens de la terre n'était pas l'effet d'une ferveur juvénile et utopiste, prompte à se démentir. Sur la fin de sa vie, quand il eut cédé son canonicat, il lui restait à peine, après avoir payé une modeste pension à l'économe de la Trinité des Pèlerins, un reliquat de trois écus par mois. Des amis s'intéressèrent donc près du Pape pour lui obtenir un petit bénéfice simple, dans le diocèse d'Albenga, mais il refusa modestement. « Vous avez tort, lui disait-on ; vos infirmités croissantes réclament ce secours. Et puis, il ne convient pas de repousser des témoignages de bienveillance qui viennent directement du Pape ». Quoiqu'on alléguât, rien n'arrivait à vaincre ses répugnances; il fallut, comme pour l'acceptation du canonicat, l'intervention de son confesseur; alors il courba la tête, en vertu même de son vœu. L'obéissance lui était beaucoup plus chère que les victimes [1].

Pendant toute sa vie, du reste, en santé comme en maladie, pour son apostolat comme pour ses exercices de piété, il obéit avec une candeur d'enfant à son confesseur, c'est à dire au P. Galluzzi d'abord, puis aux prêtres qui lui succédèrent, et même, dans le commerce de la vie ordinaire, aux personnes de son entourage. Pendant les missions, il choisissait le rôle de subordonné; et c'était

---

[1] Multo enim melior est obedientia quam stultorum victimae (Eccl. IV, 17).

une maxime avérée que, pour le conduire ici ou là, *il suffisait d'un fil.* Dans les divergences d'opinions, même lorsque son avis était évidemment le meilleur, il cédait, montrant toutefois par un petit sourire qu'il savait à quoi s'en tenir, mais préférait couper court à toute contestation.

Quant à la chasteté, qu'il avait vouée à Dieu comme prêtre, il sut lui donner, par sa tenue et ses allures, une perfection, un parfum qui rappelait la Thébaïde, un caractère virginal qui eût même pu sembler aux soi-disant esprits larges, une exagération. De là, dans son ministère, cette singulière modestie des yeux et du langage, à l'égard des femmes pieuses, au point de les accueillir à peine pour un instant au bas de l'escalier ou à l'entrée de la maison. Il mettait volontiers la main sur la tête des enfants, mais ne suivait pas l'usage assez général de se laisser baiser la main par les fidèles, en qualité de prêtre: *Prenez garde,* disait-il en riant à ceux qui s'apprêtaient à le faire, *il y a des galeux parmi les malades que je visite.* Pourtant il laissait faire parfois quelques unes des personnes graves dont il connaissait l'esprit de religion ; mais alors il tournait ailleurs le regard, comme si ce témoignage de respect eût été rendu à un autre. Que s'il voyait la sainte vertu offensée, surtout dans le temple de Dieu, sa timidité et sa modestie faisaient place à l'indignation, puis à l'audace, pour apporter le remède. C'est ainsi, qu' ayant entendu parler d'une peinture immodeste, (rien moins qu'une Vénus), exposée dans l'église de Saint-Jean le Décapité, à l'occasion d'un certain concours, il partit pour le Vicariat comme un trait, et n'eut de repos que lorsqu' il sut l'objet scandaleux enlevé. *S'il le faut*, avait-il dit, *j'irai jusqu'au Pape.*

La conséquence de dispositions si parfaites, était une estime profonde pour l'état religieux proprement dit, et un vif désir de voir ceux qui le professent se rendre capables d'atteindre le but propre de leur Institut, que ce soit la pénitence, ou la louange divine, ou les œuvres de miséricorde, ou l'étude approfondie des principes du juste et du vrai, afin de les enseigner clairement, hardiment, intégralement au monde, pour son salut. Ces vues se révèlent dans l'écrit de notre Saint déjà cité: *Mémoire composé pour le bon gouvernement d'une église épiscopale.* Il y dit à l'Evêque: « Ne montrez pas votre affection seulement envers le Clergé séculier, quand il satisfait pleinement à ses devoirs, mais aussi envers les Réguliers, spécialement, quand ils vivent en vrais Réguliers, d'une manière exemplaire, et s'occupent avec zèle, autant que le comporte leur Institut respectif, au bien des âmes. Il ne faut pas faire peu de compte, comme on ne le voit que trop dans certains diocèses, des personnes religieuses, sachant tous les services rendus par elles à l'Eglise de Dieu ».

Quoiqu'il n'eût joui que deux ans de la présence de son oncle, le P. Ange, mort le 31 mai 1713 [1], il se gardait d'oublier qu'il lui devait sa venue à Rome et toutes les grâces qui en étaient dérivées. Au reste, son amour si intense de la pauvreté aurait suffi pour l'incliner vers les fils de saint François d'Assise. On se rappelle l'estime que Jean-Baptiste professait pour saint Léonard de Port-Maurice, son prédicateur de Santa-Galla. Aussi fut-il cité un des premiers, pour témoigner juridiquement sur les vertus du Serviteur de Dieu. « J'ai remarqué, dit-il dans sa déposition, la modestie de Léonard dans les rues de Rome; il marchait les yeux baissés, sans mot dire; si je l'abordais, il me répondait

---

[1] Dans le nécrologe des Capucins de la Province romaine on lit : « Die 31ª. Maii mortuus est Romae Adm. R. P. Angelus Mª. a Voltagio, e nobili Familia de Rubeis natus, ex-Provincialis, Postulator causarum Sanctorum, eruditus Scriptor, et demum probatissimus Pater ».

avec affabilité, mais en peu de paroles. Sa ferveur paraissait quand il prêchait l'amour divin et recommandait son oraison jaculatoire favorite : *Mon Jésus, miséricorde.* Il parlait sans ménagements devant les cardinaux et les nobles, insistant en particulier sur le devoir de payer ses dettes. La hardiesse de sa parole n'empêcha pas le Souverain Pontife de l'appeler pour lui faire une confession générale. Un jour où je l'observai pendant sa messe, son visage, au *Memento* des vivants, s'illumina comme celui d'un ange. Quoiqu'il y ait déjà 24 ans, ce spectacle m'est tellement présent que, si je savais peindre, je pourrais le représenter ».

Les Pères de la Compagnie de Jésus sauraient seuls redire tout ce que Jean-Baptiste fut pour eux : élève docile ; collaborateur, quoique simple étudiant encore, pour le maintien du bon esprit dans tout le Collège ; véritable apôtre dans les diverses Congrégations de jeunes gens si sagement échelonnées, selon leur méthode, à proportion des mérites, des besoins, des attraits ; grand propagateur enfin, de la dévotion à saint Louis de Gonzague.

On se rappelle son assistance aux cours de la Minerve et l'excellent souvenir qu'il en avait gardé. Avec les Pères Dominicains de Sainte-Sabine, il n'eut pas seulement, durant son ministère dans l'église de Sainte-Marie in Cosmedin, ces liens qui résultent d'un voisinage amical, mais ceux qui sont fondés sur la communauté de ferveur. Car la restauration de la stricte observance régulière, opérée par le P. Hyacinthe Passerini, à la fin du XVIIᵉ siècle, avait conservé à Sainte-Sabine toute sa fraîcheur. La maison était remplie, en outre, des souvenirs du Vén. P. Louis Calco, un des grands zélateurs en Italie de la vie commune dans le clergé, sous le titre de *Sacro Convitto* ¹. Aussi le Saint invitait-il volontiers les dominicains de l'Aventin à prêcher dans ladite église, pour les principales solennités, surtout pour celles de Marie

¹ Assujettissement de tous à la même règle, habitation sous un même toit, loin des occasions dangereuses, mise en commun des fruits du ministère, application aux exercices de l'oraison et de la mortification, assiduité à l'étude d'après la doctrine de Saint Thomas d'Aquin, formation aux manières polies et à l'égalité d'âme, malgré la diversité des caractères et les contrariétés de la vie : telles étaient les bases de l'association. Clément IX l'encouragea, ainsi que l'évêque de Foggia, oncle de saint Alphonse de Liguori. Mais Louis Calco fut arrêté par la mort dans la poursuite et la pleine exécution de sa noble et sainte entreprise (1709). Il avait poussé la ferveur jusqu'à graver sur son cœur avec un fer rouge le Saint Nom de Jésus. Le procès de sa béatification est commencé.

qu'il savait leur être particulièrement chères, à l'exemple de leur patriarche Dominique.

Il serait trop long d'énumérer tous les autres membres d'instituts divers, Barnabites, Augustins, Conventuels, Lazaristes, Oratoriens etc. auxquels il témoigna son estime et dont il emprunta le concours dans ses diverses missions. Le sage recrutement et la bonne formation des novices étaient en particulier l'objet de son zèle, comme renfermant l'espoir de l'avenir.

Il se gardait de décider les vocations d'un air tranchant, comme pour s'attribuer la promptitude du coup d'œil et le discernement des esprits. Une personne le consultant un jour, il se contenta de lui dire: *Mettez-vous en face de la mort et choisissez le parti qui alors vous rassurerait davantage.* La vie religieuse fut choisie, et les bons fruits qui suivirent, justifièrent l'option. Un autre jour, au contraire, il fut consulté par un jeune homme qui, plein d'enthousiasme, brûlait de se donner à Dieu dans le cloître, sans avoir les vertus chrétiennes requises comme préparation et base de la vie parfaite. Au lieu de le mécontenter par une réponse négative, il jugea qu'il suffisait de gagner du temps. En effet, les vacances vinrent, les plaisirs de la campagne ravirent l'adolescent, à la rentrée des classes c'en était fait du feu de paille ; le jeune homme embrassa tout simplement dans le siècle la profession de son père.

Pour les vocations déjà acceptées et mises à la culture, Jean-Baptiste apporta aussi plusieurs fois son assistance, discrète et paternelle. Sa visite était pour les novices une apparition de l'idéal, un stimulant au progrès, et si l'un d'eux avait quelque tentation, quelque plaie à lui découvrir, l'appelant en particulier, du consentement des supérieurs, il appliquait au mal le remède ; la Sacrée Pénitencerie lui avait conféré pour ces occasions des pouvoirs très spéciaux.

Aux religieux appliqués déjà à la vie apostolique, et qui se trouvaient en butte à la critique et à la calomnie, il recommandait de pratiquer la patience et la longanimité, loin de s'irriter, d'alléguer bien haut les exigences de leur honneur personnel, et d'incriminer les supérieurs, comme peu soucieux de prendre leur défense. A l'un d'eux, il écrivait : « Saint François de Sales supporta quatre ans une horrible calomnie sans se justifier, il en fut de même de saint Vincent de Paul ; ils poursuivirent malgré tout, leur ministère. N'attribuez pas à une influence diabolique ce qui vous est arrivé, mais à ce Dieu qui dispose tout pour notre bien. Restez donc ferme dans le lieu et le ministère où vous êtes, sans y rien négliger, jusqu'à ce que Dieu, par le moyen des Supérieurs, en décide autrement. Dieu sait, dit saint François de Sales, de quel degré de réputation nous avons besoin; sachons nous en contenter, puisque Dieu nous aime et fait tout concourir à notre avantage, pour que nous le servions en esprit d'humilité vraie, disposition qui s'acquiert mieux dans les tribulations. C'est pourquoi saint Paul déclarait se glorifier volontiers dans ses infirmités, afin que la vertu du Christ habitât en lui. Continuez donc à cultiver comme auparavant la vigne du Seigneur, soit dans votre église, soit dans votre couvent; et priez Dieu pour moi ».

Il fit triompher aussi ces principes de charité généreuse dans le cœur d'un jeune religieux qui gardait rancune pour un soufflet reçu, quand il était encore écolier. Ni ses confrères, ni les personnes de mérite qui s'étaient interposées, ne pouvaient vaincre son aversion. De Rossi prié d'intervenir, au lieu de recourir aux raisonnements, raconta brièvement à l'offensé le trait de saint Pascal Baylon, qui par ce seul mot: *Pardonnez pour l'amour de Jésus-Christ*, convertit en agneau un de ses frères jusque là plein de ressentiment pour une offense. Ce simple récit à peine terminé, le jeune religieux était transformé, et courait opérer la réconciliation.

Mais il est juste de citer, entre les divers Ordres instruits et édifiés par Jean-Baptiste de Rossi, les Frères de Saint-Jean de Dieu ; leur dévouement dans le soin des malades, selon l'esprit de leur saint Fondateur, leur avait valu cette prédilection [1]. Ayant eu par hasard l'occasion de leur faire une instruction, il fut tellement goûté qu'on l'invita pour une retraite, puis pour celle de l'année suivante, et les Frères auraient voulu qu'il s'engageât pour tous les ans, tant le bien était manifeste et allait croissant; il refusa, persuadé qu'un changement de prédicateur de temps en temps est chose salutaire. Mais il leur témoignait en toute rencontre sa sollicitude, leur recommandait l'enseignement

---

[1] On sait la grande charité de saint Jean de Dieu pour les malades, au point qu'un incendie ayant éclaté dans l'hôpital de Grenade, il circula pendant une heure au milieu des flammes, et n'en sortit qu'après avoir mis tous les malades hors de danger. Les religieux de son Ordre ajoutent aux trois vœux ordinaires, celui d'hospitalité envers les pauvres malades, vœu approuvé par saint Pie V, le premier janvier 1572.

hebdomadaire de la doctrine chrétienne et religieuse aux Frères, et donnait aux supérieurs des avis qui semblaient des prophéties.

Du haut du ciel, il continua cette assistance. Un de leurs novices, qui faisait déjà sa retraite de profession, fut pris d'une telle mélancolie que son Père-Maître se mit à douter de sa vocation. Mais à peine le jeune homme eut-il regardé et vénéré une image du Saint, que la lumière, la paix, la joie revinrent, et on l'entendait s'écrier souvent: *Quand donc pourrai-je faire profession?*

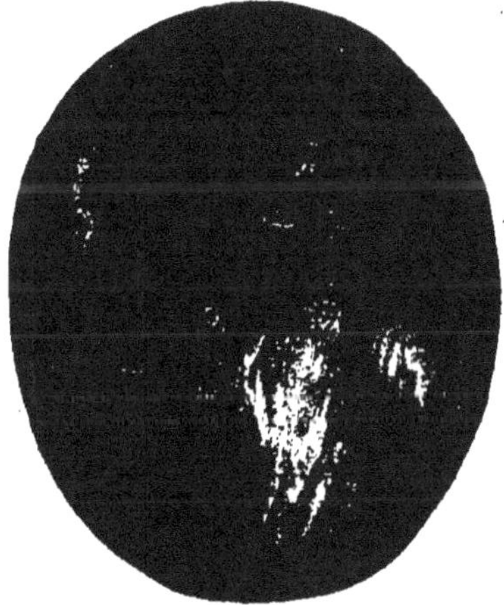

Vén. P. Louis Calco, O. P.
Promoteur de la vie commune
dans le clergé.

SŒUR MARIE-THÉRÈSE LEONORI
BÉNÉDICTINE DE SAINTE-CÉCILE À ROME
MIRACULEUSEMENT GUÉRIE.
(*Voir page 312*).

CHAPITRE XX.

Zèle de Jean-Baptiste de Rossi pour l'assistance et le progrès des Religieuses. — Désintéressement. — Refus des cadeaux. — Sages avis à un confesseur de Religieuses. — Belle lettre à une Religieuse de Rome.

On se demandera peut-être si Jean-Baptiste, rempli de tant d'estime, animé d'un si grand zèle pour les Religieux et leurs progrès dans l'esprit de leur vocation, embrassa également dans sa charité l'apostolat des Religieuses, ou s'il le dédaigna, ne voulant pour rien perdre son temps à résoudre leur doutes, à calmer leurs inquiétudes, à régler leurs minuties? Tous les monastères de Rome sont là pour dire qu'il y a été accueilli, consulté, écouté avec le plus grand fruit.

En arrivant dans quelqu'une de ces demeures bénies, il commençait par visiter le Très-Saint Sacrement à l'église, puis il se rendait au confessional, ou à la salle de réunion, ou à l'infirmerie, selon le but de sa visite. Sa présence seule suffisait souvent pour calmer l'âme inquiète qui l'avait appelé, avant même qu'il n'eût dit un mot.

Il estimait et vénérait toutes les Religieuses, parce qu'il voyait sur leur front le signe de leur consécration totale à Dieu; mais il aidait plus volontiers celles en qui il découvrait des attraits plus sérieux pour la vie intérieure, ou celles qui avaient eu le bonheur de passer d'une vie déréglée à une vie de pénitence, comme les Sœurs du monastère de Sainte-Marie-Madeleine au Corso [1], ou encore, celles dont il était sûr de ne rien recevoir en retour de son ministère, vu leur pauvreté.

Le cas, il est vrai, était fort rare; les maisons incapables de donner de vrais honoraires, tenaient du moins à offrir à leur bienfaiteur quelque corbeille garnie du travail de leurs mains. Or la corbeille revenait intacte à celles qui l'avaient envoyée. Quelle surprise! quel déplaisir! On insistait; mais quand le

[1] Il y avait à Rome différentes maisons de refuge pour les repenties. Dans les unes, elles étaient reçues uniquement pour purifier leur conscience et se consolider dans la vie chrétienne, libres après cela d'opter pour la vie du monde ou pour celle du cloître. Dans les autres, on ne recevait que celles qui aspiraient à la vie religieuse. Saint Charles Borromée, saint Ignace, saint Philippe de Neri donnèrent à ces diverses œuvres leur assistance, temporelle et spirituelle.

Serviteur de Dieu déclarait que, s'il lui fallait accepter de guerre lasse, ou il ne reviendrait plus, ou il serait tourmenté au point de ne plus prêcher d'un cœur libre, les instances cessaient; on aimait mieux renoncer au plaisir de lui donner, qu'au bienfait d'un bon sermon, d'une visite réconfortante. Car ce qu'il disait, outre son mérite intrinsèque, avait un je ne sais quoi d'efficace, qui laissait pour long-temps l'âme pleine d'onction. L'aptitude même à soigner le détail des choses, et le penchant à en saisir tout d'abord le côté imaginatif, qualités comme innées chez les Religieuses, servaient à l'habile directeur pour fixer leur attention et exciter leur zèle. Par exemple, il partageait les diverses régions de l'univers en plusieurs lots, et chaque Sœur devait, par ses prières et ses pénitences, être la bienfaitrice des terres qui lui étaient échues. On juge avec quel empressement chacune cherchait à remplir son mandat!

Il savait par expérience tout le bien que les confesseurs peuvent faire dans les monas-tères en y donnant une direction suivie, pru-dente, sobre, charitable. On le pria de faire à leur usage un petit traité, et il dicta le travail intitulé: *Mémoire pour un Confesseur chargé d'entendre les confessions dans un*

monastère, afin de l'aider à rendre son ministère utile au bon règlement des Religieuses.
Il se compose de trente-trois avis. Nous en donnerons douze seulement, qui sont d'une application plus universelle.

1° « Faites une étude spéciale de l'oraison et vaquez-y régulièrement. Elle vous servira pour parler selon l'esprit de Dieu et obtenir facilement, en peu de mots, de vos Religieuses, le progrès que vous en attendez. Veillez à ce que l'oraison de celles-ci ne soit pas une pure spéculation, mais tende à l'extirpation de leurs défauts et à l'acquisition des vertus propres à leur état ».

2° « Etudiez aussi les Constitutions du monastère, pour mieux en insinuer l'observation aux Religieuses. Faites-leur comprendre qu'en les observant bien, elles peuvent arriver à une grande perfection, sans avoir besoin de tant de directeurs ».

3° « Evitez les nouveautés, quand même quelqu'une vous semblerait à propos. Est-il question de rétablir quelque bonne observance, tombée en désuétude, vous pouvez seconder ces désirs. Mais si vous remarquez qu'il en résulte, dans le monastère, du trouble et de l'agitation, différez à un autre temps, pour ne pas vous rendre odieux ».

4° « Au confessionnal, montrez une impartialité absolue envers toutes, *a prima usque ad ultimam*, qu'il s'agisse des professes de chœur, ou des novices, ou des converses, ou des jeunes, ou des anciennes ; il le faut pour éviter toute occasion de murmure ».

5° « Ecoutez-les toutes avec patience et charité, en sorte qu'aucune ne se retire désolée ; mais retranchez cependant les inutilités, particulièrement sur ce qui concerne le gouvernement intérieur du monastère et les plaintes contre celles qui l'administrent ».

6° « Si quelque Religieuse demande, outre le confesseur extraordinaire, désigné pour venir plusieurs fois l'an, quelque extraordinaire particulier, ne vous en plaignez pas et n'en montrez aucun déplaisir. Ayez même l'air de l'ignorer, afin de laisser à chacune plus de liberté pour mettre sa conscience en paix ».

7° « Tenez-les éloignées de tout attachement particulier, chose très pernicieuse aux communautés ; mais faites qu'elles s'aiment réciproquement dans le Seigneur, se considérant toutes dans le Côté très saint de Jésus-Christ. Ainsi elles s'aimeront purement, également et constamment, comme saint François de Sales l'enseigne à ses Religieuses ».

8° « Pratiquez le désintéressement, et évitez tout ce qui aurait l'air de s'en écarter, soit aux yeux des familles, soit aux yeux des Sœurs. Si les cadeaux que la communauté vous faisait d'habitude sont supprimés, n'en montrez aucune surprise ; des Religieuses en particulier, n'en recevez jamais ».

9° « Evitez toute expression affectueuse, et reprenez les Sœurs qui les emploieraient, surtout au confessionnal. Que votre bonté et votre douceur soient accompagnées de gravité, de dignité et de réserve. Mais montrez-vous ponctuel pour les heures destinées au confessionnal, surtout la veille des jours de communion ».

10° « Le monastère est la vigne que Dieu vous a confiée ; soyez réservé pour entreprendre d'autres travaux, fussent-ils avantageux au service de Dieu. Même pour ce qui regarde le monastère, ne vous ingérez pas dans l'administration du temporel ; vous êtes le confesseur, non le commissionnaire *(il fattore)* de la maison ».

11° « Abstenez-vous de parler au dehors, même avec les ecclésiastiques et les confesseurs, des défauts qui peuvent facilement se glisser dans les monastères. Vous donneriez à soupçonner que ces défauts se commettent parmi les Religieuses dont vous avez le soin; et celles-ci, le sachant, pourraient voir là une certaine infraction au secret sacramentel, soupçon qui causerait des troubles graves ».

12° « Quand il s'agit de l'élection de la Supérieure ou de quelque officière, ne vous immiscez pas, et ne montrez pour aucune en particulier, ni propension, ni moins encore contrariété et opposition. On pourrait croire que vous parlez d'après les connaissances acquises au confessionnal, et vous vous aliéneriez la confiance de plusieurs. Bornez-vous à recommander à celles qui vous consulteraient, de prier et de choisir librement ensuite celle qu'elles estimeront *in Domino* plus apte au bon gouvernement ».

Diverses Sœurs, de leur côté, eurent soin de recueillir par écrit les avis que leur avait donnés Jean-Baptiste. Ils se résument en certains point fondamentaux d'une grande simplicité, mais en même temps, d'une grande utilité, comme par exemple « l'amour de Dieu, l'abandon à sa très sainte volonté, la fidélité à la règle, le dévouement aux travaux communs, la fuite des singularités et des amitiés particulières, l'aversion pour le péché véniel, le recueillement durant le jour, et surtout la pratique d'une humilité sincère ».

C'est aussi ce qu'on retrouve, en substance, dans la lettre suivante, adressée à une religieuse de Rome :

« Que le Seigneur vous bénisse.

« Ayant quelques instants disponibles, je réponds à votre billet, déjà bien ancien, et je vous recommande d'être humble, obéissante, détachée de tout, pour rester toujours unie à Dieu, à qui vous devez constamment vous efforcer de plaire en toute chose, agissant avec la pure intention d'être agréable à sa divine bonté. Ne vous ingérez nullement dans ce qui ne vous appartient pas ; maintenez la paix avec toutes, et vous vivrez très contente. Déférez en tout à l'avis du confesseur et prenez sa parole comme venant de Dieu, c'est le moyen de ne pas faire fausse route. Faites attention à mortifier en chaque chose votre volonté, pour ne suivre que celle de Dieu. Aimez la sainte pauvreté et réjouissez-vous, quand vous manquez de quelque chose qui vous semble nécessaire. Ayez toujours devant les yeux Jésus crucifié, méditez souvent sa Passion, mais surtout cherchez à imiter sa patience dans toutes les contrariétés que vous rencontrerez au monastère, précisément quand vous voudrez servir comme il faut le Seigneur.

« Vivez retirée, parlez peu, ayez la charité avec toutes, sans entretenir de familiarité avec aucune. Soyez serviable en communauté, tant que vous le pourrez, mais pour l'amour de Dieu, attendant de lui seul la récompense, non des créatures, quelque bien que vous leur ayez fait.

« Travaillez beaucoup, et dans le cours du travail ayez souvent le souvenir de Dieu. Fréquentez les sacrements, mais avec toute la dévotion convenable ; faites aussi de fréquentes visites à Jésus dans le Saint Sacrement et pratiquez-y la communion spirituelle, tout cela si brièvement que vous ne laissiez jamais les exercices de la communauté, ni votre emploi. Ayez à cœur l'observance de la règle dans les moindres points, c'est le moyen d'être fidèle aussi dans les grandes choses. Priez de cœur la très sainte Vierge, pour qu'elle vous obtienne une douleur toujours croissante de vos péchés et la grâce d'en faire une sincère pénitence. Ayez dans la divine bonté une grande confiance, et repoussez tout sentiment contraire, quelque faux motif que le démon puisse vous présenter devant les yeux, car rien ne lui déplait comme une âme qui se met à servir Dieu de cœur. Manifestez toujours vos tentations au confesseur et remettez-vous paisiblement à ce qu'il vous dira.

« Tout ce que je viens de vous tracer, est propre à vous servir pour toujours.

« Que la grâce de Notre-Seigneur Jésus-Christ soit toujours avec vous et avec les Religieuses vos compagnes, aux prières desquelles je me recommande de cœur.

« J. B. R. ».

Sainte Marie-Madeleine
aux pieds de Jésus.

LA VIERGE MIRACULEUSE
DE SAINTE-MARIE IN COSMEDIN.

CHAPITRE XXI.

Le jeune servant de messe de l'église de l'Assomption à Voltage, devenu malgré ses répugnances, chanoine de Sainte-Marie in Cosmedin, trouva cependant une vive consolation à se voir attaché au service de la deuxième basilique érigée dans Rome en l'honneur de Marie, vers l'an 271, par le Pontife Saint Denis Ier, sur les ruines d'un temple païen. Adrien Ier la voyant réduite en mauvais état sous l'action des siècles et des intempéries, la reconstruisit entièrement sur un plan plus large, en 772, et l'orna si bien qu'elle reçut le titre de *Cosmedin*, tiré du grec, et signifiant « richement ornée » [1]. Mais la gloire spéciale de cette église consiste dans une image de la Vierge Marie, peinte sur bois de peuplier sauvage, haute d'environ sept palmes et large de cinq. Le fond est d'or avec des arabesques de teinte noirâtre ; la Vierge est vêtue d'un habit rouge avec un manteau bleu jeté sur un voile blanc ; dans son bras droit elle tient son divin Fils Jésus, qui a la tête ornée d'un diadème et porte sur son épaule droite une brillante étoile. Certains dévots, dans l'entraînement de leur piété, ont dit que cette image était *achéropite*, c'est à dire peinte par le ciel, non de main d'homme. Mais on pense plus généralement que le tableau est d'origine grecque et date du troisième siècle, après que Paul de Samosate eut été anathématisé, en 272, par le Pape Saint Denis Ier, pour avoir nié la divine Maternité de Marie. La même hérésie, soutenue avec plus d'audace par Nestorius, ayant été condamnée solennellement, en 431, par le Con-

---

[1] Niebuhr dit que *Cosmedin* est le nom d'une place à Constantinople, et il n'est pas improbable que l'image de la Sainte Vierge, vénérée maintenant à Rome, se trouvât autrefois à Constantinople dans une église du même nom, d'où elle aurait été apportée à Rome pendant les troubles excités par les Iconoclastes. - Voir aussi *Armellini. Les Eglises de Rome.*

cile d'Ephése, l'inscription qui orne le bas du tableau, A LA MÈRE DE DIEU TOUJOURS VIERGE, fut alors ajoutée, tant était grand l'enthousiasme provoqué par la définition de l'incomparable prérogative de Marie. Survint en 726 la persécution des Iconoclastes, et la sainte Image fut apportée alors d'Orient par des réfugiés grecs, qui s'étaient installés en grand nombre dans ce quartier de Sainte-Marie *in Cosmedin*, et qui la mirent en honneur dans la basilique [1].

Ce qui est certain, c'est que l'image antique devint la source de grandes grâces, au point que les Papes l'appelèrent non seulement *miraculosa*, mais *miraculosissima*, et ce fut pour saint Jean-Baptiste une consolation d'être témoin de cette grande dévotion, d'y participer, de l'entretenir, de l'augmenter même, selon la maxime: *Pour honorer Marie, on ne fait jamais assez* [2].

Dans ce but il conçut, avant même d'être chanoine, le dessein de rendre plus solennelle la neuvaine de la Nativité de la Vierge, établie depuis 1723; une dame pieuse se char-

---

[1] Elle est maintenant au fond du chœur des chanoines, magnifiquement restauré par la libéralité et la piété de S. E. le Cardinal Satolli *(Voir page 82)*.

[2] De Maria, nunquam satis.

gea des frais. Il pria donc le P. Galluzzi de composer à cette fin l'opuscule encore en usage aujourd'hui. Comme pour récompenser l'auteur, Dieu le rappela à Lui, précisément la veille de la Nativité de Marie, en 1731, à l'âge de 60 ans, après 42 ans de vie religieuse et 16 ans d'apostolat parmi la jeunesse du Collège Romain [1]. Craignant que la parole ne lui manquât pour demander pardon de ses fautes à l'heure extrême, il avait rédigé à cette fin un écrit qu'il fit lire alors.

Non content d'avoir obtenu la composition de cette neuvaine, Jean-Baptiste fit graver aussi de petites reproductions de la sainte Image pour les propager dans le peuple; lui-même en avait dans sa chambre une copie faite par un de ses amis, le chanoine Clari, habile peintre, et sur sa poitrine une autre plus petite, montée en argent. Il fallut tout son esprit de détachement, toute sa charité pour faire don de celle-ci à un prêtre espagnol, qui désirait vivement l'emporter dans son pays.

Grâce à ces diverses industries, la neuvaine fut si fréquentée qu'elle devint une sorte de mission où, naturellement, la prédication

[1] On dit qu'il décida et seconda, durant sa vie, environ un millier de vocations religieuses.

avait une part principale ; des prédicateurs d'élite étaient tour à tour invités.

Le Saint jubilait de les entendre exciter les fidèles à la dévotion envers leur céleste Mère ; mais il veillait cependant à ce que le fruit de ces sermons fût l'amendement des auditeurs et leur progrès dans la vie chrétienne. Certains exemples alors en vogue, sous prétexte d'exciter la confiance en Marie, renfermaient les assertions les plus étranges et les plus exagérées. Il recommandait soigneusement aux prédicateurs de ne pas les citer. Il le savait, le plus grand honneur qu'on puisse faire à Marie, c'est de reproduire ses vertus ; la vraie confiance envers elle consiste à en attendre le secours, dans la voie étroite du salut, non à prétendre qu'elle sauvera celui-là même qui, refuserait tout effort, prétendant se soustraire à la loi du sacrifice. « *Marie*, disait-il, *est l'échelle par laquelle on parvient au ciel.* ». Mais encore faut-il se donner la peine d'en monter les échelons. « Comment s'imaginer, écrivait-il, qu'il suffise de réciter un tiers du rosaire et d'allumer le samedi une lampe devant l'image de la Vierge, pour l'obliger à couvrir de son manteau toutes les prévarications ? »

Quand il prêchait lui-même sur la Bienheureuse Vierge, on voyait briller dans ses yeux des larmes de tendresse filiale, et l'on eût dit qu'il avait dans la bouche la saveur du miel. Avait-il à traiter certains arguments étrangers aux prérogatives de Marie, il trouvait moyen de leur dédier, de passage, au moins quelques mots.

Mais ce mouvement de dévotion produit dans le peuple envers Marie, et envers sa très sainte Image, ne suffisait pas à l'ambition de son dévoué serviteur ; il désirait que le vénérable Chapitre, lui aussi, y prît part. Chose difficile ! car une Collégiale, (et ce n'est pas un tort), déroge difficilement à ses usages, surtout pour adopter des dévotions extra-liturgiques. D'autre part, le Saint jouissait d'un grand crédit sur ses collègues, et il ne demandait que la récitation des litanies une fois par jour, devant l'Image miraculeuse. La motion fut assez débattue ; enfin l'entente se fit, en 1738, sur cette base, que la récitation aurait lieu seulement après l'office choral, et comme hommage purement facultatif. En effet, l'un des chanoines s'abstint fidèlement d'y prendre part, non par manque de piété, mais pour sauver le principe de la liberté.

Cependant, ce zèle de Jean-Baptiste pour la Vierge de Sainte-Marie in Cosmedin n'avait rien d'exclusif. Il allait volontiers visiter les autres sanctuaires de Marie, surtout aux jours où l'on en célébrait la fête, recueillant, comme sur autant de fleurs, la grâce propre à chacun d'eux, pour en composer le miel de la dévotion. Parmi ceux qu'il fréquentait plus volontiers, nous citerons les suivants [1] :

Sainte-Marie Majeure, où l'on vénère la crèche du Sauveur et l'image de Marie attribuée à saint Luc.

Le Saint Nom de Marie au Forum de Trajan. Saint Bernard abbé, dont tout le monde connaît la dévotion à Marie, avait, durant son séjour à Rome, fondé à Saint-Paul-trois-fontaines une confrérie en l'honneur de la Très Sainte Vierge ; on l'appela aussi *Confrérie de Saint-Bernard.* Le Cardinal François Fusco, pour rendre les réunions plus commodes, bâtit dans sa propre résidence, au Forum de Trajan, une gracieuse

---

[1] Mariano Armellini, dans son ouvrage sur les églises de Rome (Rome 1891), compte près de 330 sanctuaires dédiés à Marie dans la Ville éternelle, sans parler de ceux dont les fouilles modernes révèlent l'existence antique; de sorte qu'en faisant un pèlerinage par jour à l'un de ces sanctuaires, on mettrait près d'un an à en achever la visite.

église dédiée à Saint-Bernard, et obtint, afin d'y augmenter la dévotion, soit des confrères, soit même des autres fidèles, une antique image de Marie conservée jusque-là près de Saint-Jean de Latran, dans le *Sancta Sanctorum*. La dévotion à cette image devint en effet très populaire, et fut récompensée par beaucoup de grâces. Aussi la Confrérie laissa peu à peu son titre de Saint-Bernard, et lui substitua celui du Saint Nom de Marie. Jean-Baptiste de Rossi en était membre très zélé.

SAINTE MARIE DES CERCHI, ainsi appelée, dit-on, parce qu'elle est adossée aux ruines du Cirque Massimo, sous le Palatin. Crescimbeni raconte, que l'image de la Très Sainte Vierge qu'elle renfermait ayant été outragée et frappée par des Juifs, il en sortit du sang.

SAINTE MARIE DEL PIANTO, OU DES PLEURS. Ce nom lui vient d'un miracle arrivé en 1546; on vit alors, d'après la tradition, une image de Marie, peinte sur la porte d'une maison voisine, verser des larmes ; la détachant respectueusement du mur, on la transporta dans la chapelle qui de là prit son nom.

SAINTE MARIE DE LA QUERCIA, érigée par Jules II, qui voulait avoir à Rome un sanctuaire semblable à celui de la Madone miraculeuse de la Quercia, près Viterbe ; elle fut réédifiée par Benoît XIII.

SAINTE MARIE LIBERATRICE, proche du Forum romain. On prétend que, sous le Pape Sylvestre, un dragon qui avait en ce lieu son repaire, fut tué ou rendu inoffensif ; légende qui possède un fond de vérité, en ce sens qu'alors cessa le culte de Vesta et du dragon représenté près d'elle. Le culte de Marie leur fut heureusement substitué. Cette église vient de disparaître.

SAINTE MARIE DU JARDIN, dans le Transtévère, édifiée pour honorer une image de la Reine du ciel, qui auparavant était sur la porte d'un jardin du quartier.

NOTRE-DAME DE BON VOYAGE, dont il a déjà été fait mention, comme étant un des sanctuaires où saint Jean-Baptiste de Rossi prêchait le plus volontiers.

SAINTE MARIE IN SASSIA, érigée par Ina, roi de Wessex, en Angleterre, qui, après avoir publié un célèbre code de lois, avait renoncé à la couronne et s'était retiré à Rome. On assure que l'antique image de la Vierge vénérée dans le temple, fut un don de sa piété. Cette église a fait place à l'hôpital de Santo-Spirito, mais l'antique Madone existe toujours.

Ce n'était pas seulement durant ces visites aux sanctuaires de Marie que la dévotion de Jean-Baptiste de Rossi se manifestait, mais partout. Dans les réunions pieuses, et jusque sur les chemins, au son de l'*Angelus*, il se découvrait et même s'agenouillait pieusement, s'il le pouvait. Que de personnes, dans les campagnes, apprirent de lui cet usage, alors moins répandu qu'aujourd'hui, et le continuèrent fidèlement depuis, au grand profit de leur sanctification !

Mais sa dévotion préférée était le Rosaire. Il faisait bon le contempler chaque soir, récitant à genoux dans sa maison, malgré sa lassitude extrême, ce *psautier de Marie*, comme l'ont appelé les Papes. On eût dit qu'il jouissait de la douce présence de la Reine des cieux. Y avait-il près de lui quelques personnes, il les invitait gracieusement à se joindre à lui, et l'on avait alors la consolation de prier en chœur. Les mystères qui rappellent les douleurs de Marie, lui étaient particulièrement chers, et parmi les pieux écrits sortis de sa plume, se trouve une paraphrase du Stabat [1].

---

[1] Jean-Baptiste de Rossi n'a pas, à proprement parler, composé d'ouvrages. Nous n'avons de lui que quelques écrits de circonstance pour lesquels, assisté de la grâce de

Il en était de même quand, se trouvant près de ses vieillards ou de ses malades, il devait partir pour exercer quelque ministère difficile. Il intimait à toute la salle la récitation du rosaire, et quand il avait donné l'impulsion, il partait avec confiance pour prêcher ou confesser.

Deux exemples montreront comment l'intervention de Marie lui servit, en particulier pour les confessions.

Dieu, il put surmonter son impuissance ordinaire à réfléchir et à rédiger ses pensées. On n'y trouve ni la profondeur des idées, ni l'éclat et l'élégance de la forme, que nous offrent les grands écrivains ecclésiastiques ou ascétiques. La simplicité, l'utilité pratique, la justesse du sens surnaturel en font le caractère. En voici la liste : 1º Mémoire concernant le bon gouvernement d'une Eglise épiscopale, en 38 articles. - 2º Mémoire pour un confesseur de Religieuses, en 33 articles. - 3º Avertissements à un nouveau curé, pour bien exercer son office, en 55 articles. - 4º Explication des choses les plus nécessaires à un chrétien. - 5º Indication de certaines choses qui peuvent empêcher les abus dans le clergé de Rome. - 6º Méthode facile pour les confessions générales. - 7º Règles pour le nouvel asile hospitalier de l'Immaculée-Conception et de Saint-Louis de Gonzague. - 8º Constitutions pour les Bénéficiers de Sainte-Marie in Cosmedin dits « *Fuscaglia* ». - 9º Epigrammes, suivies d'une paraphrase du *Stabat*. - 10º Supplique au Pape pour l'érection d'une prison spécialement destinée aux femmes. - 11º Lettres à des ecclésiastiques. - 12º Recueil d'aspirations pieuses. - 13º Divers avis et lettres à des religieux, en particulier au P. Jean-Marie Ambrosi, Maître des Novices de l'Ordre de Saint Jean de Dieu. - 14º Attestation sur les vertus du Vén. André Parisi.

Une Religieuse était poursuivie par de pénibles tentations auxquelles, hélas! elle succombait de temps en temps. Appelé pour la confesser, le Saint l'écouta et lui dit ce peu de paroles, mais sur un ton pénétrant : *Ma fille, je vous avertis, de la part de Dieu, que vous devez faire résistance, autrement la main de sa justice vous punira. A cet effet, je vous exhorte à réciter chaque soir trois* Ave Maria *à la Vierge immaculée, et je vous assure que vous serez délivrée. Et moi, de mon côté, à partir d'aujourd'hui, je ferai oraison pour vous.* Depuis cette confession mémorable, non seulement elle ne retomba jamais, mais, ce qui est plus remarquable, toute tentation disparut, de sorte qu'elle vécut dans la paix, pleine de reconnaissance pour son libérateur.

Plus sévère en apparence fut la pénitence imposée à un prêtre de Rocca de Cambio, diocèse d'Aquila, appelé Pierre-Paul. Gravement malade d'une fièvre putride, il voulut mettre ses comptes en règle par une confession générale très soignée, après laquelle le Saint lui donna, comme pénitence, d'aller visiter une fois par jour, pendant un mois, un oratoire de Marie situé à l'entrée du pays. Fort surpris, le malade, nous dirions presque l'agonisant, se permit de lui dire : *Impossible à moi d'accomplir cette pénitence, car mon mal est si grave que je me sens plus que voisin du dernier passage.* Mais le confesseur tint bon et lui répliqua d'un ton décisif: *Acceptez sans crainte la pénitence, mon frère ; je vous assure que vous aurez parfaitement le temps de l'accomplir.* En effet, Pierre-Paul revint à la santé contre toute espérance, et put exécuter tout à son aise les trente pèlerinages consécutifs, qui lui avaient été enjoints à l'honneur de Marie.

Sainte-Marie-Majeure.

JEAN-BAPTISTE DE ROSSI
IMPLORE ET OBTIENT LES DONS
DE L'ESPRIT-SAINT.

CHAPITRE XXII.

En parcourant les chapitres de la vie de
Jean-Baptiste de Rossi, où sont esquissées ses
œuvres de zèle en faveur de toutes les classes
de personnes, surtout des malades, des pauvres, des affligés, le lecteur s'attend peut-être
à voir paraître enfin le chapitre des faveurs
célestes, dans le genre de celles dont resplen-
dissent les vies de saint François d'Assise, de
saint Vincent-Ferrier, de sainte Catherine de
Sienne, de sainte Thérèse et de tant d'autres.
Ces faveurs ne manquèrent pas à notre Saint,
on le verra bientôt, mais elles sont, il faut le
reconnaître, dans des proportions beaucoup
plus limitées, moins éblouissantes que chez
divers Saints des temps antiques, et même

de nos temps modernes. Est-ce une lacune? Non, c'est un trait de la Providence, en votre faveur surtout, ô vous, humbles prêtres, ô vous, laïques voués aux bonnes œuvres, et vous aussi, Religieux, Religieuses, personnes pieuses de toute condition, vivement désireuses de votre sanctification, mais réduites, malgré de plus hautes aspirations, à suivre le train ordinaire de la vie.

Vous vous seriez figuré peut-être la grande sainteté comme placée, par sa nature même, à des hauteurs inabordables, et l'héroïsme dans la vertu comme réservé aux actions d'éclat. Dieu a voulu vous détromper et vous provoquer au bien en vous présentant, comme modèle, un homme dont la vie fut un tissu de choses ordinaires, mais accomplies extraordinairement bien, sans que la faiblesse corporelle arrêtât son zèle, sans que les difficultés domptassent son courage et troublassent même son cœur, sans que ses multiples exercices de piété le fissent tomber dans la routine. Tout au contraire, sa force de volonté, sa constance, son aménité de caractère, sa piété allèrent toujours croissant. La diminution du champ de son activité, sur le déclin de de ses jours, loin d'affaiblir ces dispositions, leur fournit l'occasion de se replier à l'intérieur afin d'épurer, d'enraciner, d'embellir de plus en plus sa vertu.

Mais, tout en admirant cet héroïsme de conduite, devenu quotidien sans devenir vulgaire, plus achevé même précisément parce qu'il était plus latent, hâtons-nous de dire que les grâces extraordinaires, admirables, propres à perfectionner l'âme et à la rendre capable de faire aisément des œuvres excellentes, ou dans leur substance, ou dans la manière de les produire, ces grâces, disons-nous, ne firent nullement défaut à une si belle vie ; au contraire, le cœur de Jean-Baptiste de Rossi fut un temple, merveilleusement enrichi des sept dons de l'Esprit sanctificateur.

Pour justifier cet éloge, et provoquer en même temps les âmes éprises de la sainteté à imiter, avec une noble émulation, l'homme de Dieu, un mot sur chacun de ces dons suffira. Ils renferment, du reste, des richesses si grandes, et se prêtent à des applications si variées, si étendues, qu'il est loisible à qui le préfère, de les entendre dans beaucoup d'autres sens, pourvu qu'ils soient conformes à la doctrine des Saints.

Le premier don est celui d'INTELLIGENCE qui, d'après le docteur séraphique, saint Bonaventure, cité par Benoît XIV, « nous fait en quelque sorte toucher et saisir les vérités cachées sous le voile de la foi » (*De Beatif.*, Lib. III, Cap. XXIII, n. 4).

Que notre Saint possédât ce don, on le comprenait à l'énergie, à la véhémence, à la ferveur qu'il apportait dans l'exposition des vérités révélées, sans admettre ni discussion, ni doute, ni lenteur. Mais admirons surtout, sur la fin de sa vie, de quelle manière facile et habituelle il pratique la présence de Dieu. C'est par devoir qu'il s'en distrait en partie, pour un temps, et durant ce temps il trouve moyen de s'échapper en paroles, en affections, en regards, qui redisent, sous mille formes diverses, le mot de Jérémie : *Vous êtes en nous, ô Seigneur, et votre Nom a été invoqué sur nous* [1]. Aussitôt le devoir extérieur accompli, on le retrouve dans son centre bien aimé ; ce n'est pas un effort, c'est un retour chez lui, dans son climat natal, chez son Père. En vain la charité l'oblige-t-elle à marcher par les rues pour certaines bonnes œuvres, il a l'air distrait, il ne voit plus son chemin, il faut l'avertir de rendre le salut aux passants. On peut donc dire de lui, comme il fut dit de Moïse : « Il se maintint fidèle à l'Invisible

[1] Tu autem in nobis es, Domine, et nomen tuum invocatum est super nos (Jer. XIV, 9).

comme s'il l'eût vu » [1]. Ce n'est pas encore la *vision* face à face, puisqu'elle est réservée à la patrie ; c'est au moins une *quasi-vision*, « *tamquam videns* », très salutaire, très sanctifiante, bien que n'étant pas béatifique ; et Jean-Baptiste en jouit d'une manière permanente !

Ce recueillement en Dieu et ce rayonnement de l'esprit de religion frappèrent particulièrement en lui lorsque, peu d'années avant sa mort, il prit part, malgré son épuisement, à la procession jubilaire, ordonnée par Clément XIII pour les besoins de l'Eglise [2]. Sur le parcours, le peuple le montrait du doigt avec admiration.

Le don de SAGESSE n'apprend pas seulement au chrétien à se former, sur les choses de Dieu, des jugements solides et vrais, il lui fait rechercher, sentir et savourer ces choses par une secrète inclination et avec une ineffable douceur, dont la cause première est la charité.

Saint Jean-Baptiste de Rossi avait ce don, ce goût, cette saveur, non seulement

---

[1] Invisibilem tamquam videns sustinuit (Hebr. XI, 27).

[2] Les ravages du Jansénisme continuaient, malgré les efforts et les Bulles du S. Siège, particulièrement la Bulle *Unigenitus* de Clément XI. L'*Emile* de Rousseau pervertissait l'opinion et allait être condamné, le 9 sept. 1762. Enfin les menées de divers Etats tendaient à extorquer la uppression des Jésuites.

quand il parlait de Marie, semblant alors, comme saint Bernard, avoir sur les lèvres un miel exquis, mais lorsqu'il considérait et exposait les diverses vérités relatives aux mystères de la Rédemption : digne émule de saint Augustin dont il est dit : « Il ne se rassasiait pas de la douceur merveilleuse qu'il ressentait à considérer la profondeur des conseils divins sur le salut du genre humain » [1]. De là, dans notre Saint, ces larmes habituelles qui s'accrurent tellement avec le progrès des années, qu'elles coulaient en abondance aussitôt qu'il entendait parler des choses de Dieu, ou quand il prononçait ce verset de l'Office, pour lequel nous savons déjà sa grande devotion : *Te ergo quaesumus, tuis famulis subveni, quos pretioso Sanguine redemisti.*

Le don de Science diffère de ceux de Sagesse et d'Intelligence, en ce que ces derniers s'étendent à la faculté de saisir et d'expliquer les mystères de la foi, tandis que la Science a plutôt pour objet la perception exacte et précise de ce qui concerne la direction de la conduite et la formation des mœurs, dans leurs rapports continuels avec le salut.

[1] Nec satiabatur illis diebus dulcedine mirabili, considerare altitudinem Consilii divini super salutem generis humani (*Off. S. Aug. in Matutin.*).

Il enseigne donc à user des choses d'ici-bas, honneurs, richesses, plaisirs, seulement comme d'auxiliaires, pour mieux connaître Dieu, mieux le servir, mieux le louer.

Quelle promptitude, quelle clairvoyance, quelle simplicité n'apportait pas le Serviteur de Dieu à discerner et à établir la subordination entre les différents devoirs, qu'il eût pour tâche spéciale de guider les ecclésiastiques, ou les séculiers, ou les personnes religieuses! telle était à ce sujet l'efficacité de ses paroles que sur le champ, sans discussion, ceux qui l'entendaient se sentaient convaincus des maximes énoncées par lui, et pleinement résolus à les mettre en pratique. C'était vraiment la *Science des Saints*, car elle venait d'un Saint, et elle portait les autres à se rendre saints comme lui.

Le don de Conseil semblerait, au premier coup d'œil, se confondre avec celui de Science; il a pourtant un objet spécial. Sa mission est de nous diriger dans les actions particulières qui intéressent le salut, même et surtout s'il s'agit de cas difficiles, de rencontres inopinées, d'embarras insurmontables à la prudence humaine ordinaire. Qu'il soit question de notre propre direction ou de celle des autres, ses oracles suffisent à tout.

Ecoutons ce que disent les témoins les plus graves, dans le procès de la Béatification de Jean-Baptiste : « Prié de donner un conseil, ou le donnant de sa propre initiative à quelque personne de sa confiance, qui devait prendre une résolution importante, il avait le don de faire accepter de suite son avis, tant les raisons qu'il apportait à l'appui étaient sages. Il s'agissait souvent d'ecclésiastiques de grande doctrine et de vertu exemplaire. Néanmoins ils aimaient à conférer avec lui, car les résolutions qu'il suggérait étaient toujours à propos ».

Saint Thomas d'Aquin dit excellemment que la vertu de FORCE consiste en deux exercices : se porter aux choses ardues, et résister aux choses âpres et adverses. Elevée à la dignité de Don de l'Esprit Saint, la force rend l'âme hardie dans les entreprises de zèle, ferme dans l'exécution des déterminations prises, capable de résister aux assauts combinés du monde et du démon ; tout cela sans tristesse ni langueur, au contraire, avec une certaine joie.

Pour juger, à cet égard, des progrès spirituels de Jean-Baptiste de Rossi, rappelons-nous son naturel bilieux, ardent, très sensible aux mauvais procédés et aux injures ; et pourtant, à le voir vous le croiriez impassible. Si, devant l'outrage, quelque impression se trahit sur sa figure, c'est une impression de reconnaissance et de contentement; ou bien encore il sourit des avanies, comme on le ferait d'une aventure divertissante, arrivée à un autre. Au travail, il réalise, dans le sens vrai, la célèbre maxime, que le *bien ne fait pas de bruit*. Qui se douterait, en voyant passer dans les rues de Rome ce prêtre tout courbé, aux vêtements pauvres, à la démarche modeste, le chapelet entre les mains, que c'est lui qui, pour la gloire de Dieu et le bien de l'Eglise, remue ciel et terre, clergé et peuple, au point d'être formidable à l'enfer autant qu'une légion d'apôtres?

Nommer le don de PIÉTÉ, c'est évoquer le souvenir de notre cher Saint. En effet, la piété consiste à honorer Dieu, considéré comme père. Mais débordant de cette source suprême, elle s'étend à Marie, et aux Saints, elle descend même jusqu'aux hommes. Ils sont l'image de Dieu, dignes à ce titre que l'on compatisse à leurs misères, à leurs défauts. à leurs épreuves. Et loin de s'affaiblir dans cet exercice terrestre, la piété remonte bientôt, plus forte, plus éclairée, plus tendre, vers les Saints, vers Marie, vers Dieu.

A tous les degrés de cette échelle ascendante et descendante, nous trouvons le cœur et les œuvres de Jean-Baptiste. Mais sa piété se surpasse envers Marie et envers les malheureux. Sa céleste Mère est tout pour lui, et il est tout à elle, par l'affection filiale et par la ressemblance, qui devient plus achevée de jour en jour. A l'égard des pauvres, des malades, de tous les infortunés, son dévouement part du fond des entrailles, car ils sont, au point de vue de la foi, ses frères et sa chair même [1]. La profondeur de ce sentiment doit se juger par les œuvres ; or, bien que nous ayons retracé, dans cet ouvrage, une petite partie seulement de ce qu'opéra notre Saint pour les enfants de Dieu, elle suffit largement à son éloge.

« Le don de CRAINTE répond à la vertu d'espérance. Nous voulons parler de la crainte qui n'est, ni mondaine, ni servile, mais filiale et chaste, portant l'homme à révérer la majesté de Dieu, à redouter ce qui léserait ses droits, à gémir de tout ce qui affaiblirait sa bienfaisante action. Elle ne nous porte nullement à redouter que le secours divin fasse défaut à notre confiance, mais elle nous fait craindre de nous attirer, par notre faute, la privation de ce secours » [2]. Ce don pré-

---

[1] Frater enim et caro nostra est (Gen. XXXVII, 27).
[2] Voir Bened. XIV, lib. III, cap. XXIII, num. 20.

cieux a une affinité secrète avec l'humilité. Dans le domaine de la dispensation des grâces, qui oserait lever la tête avec hardiesse. en disant : « Je ne crains rien, je suis sûr de moi ? » L'aveugle, le présomptueux qui parlerait ainsi, serait sur le bord de l'abime, bien près d'y descendre.

Saint Jean-Baptiste de Rossi, on l'a redit souvent dans les actes de sa Béatification, « avait une espérance qui ne l'affranchissait nullement de la crainte. Quelquefois même, ce dernier sentiment se présentait si vivement à son esprit qu'il tombait dans l'angoisse en réfléchissant sur l'incertitude de son salut, disposition crucifiante et sanctifiante que l'on retrouve dans plusieurs Saints. Mais il en venait finalement à suivre la voie intermédiaire, aussi éloignée de la présomption que de la crainte immodérée. Il faisait converger tous ses actes et tous ses efforts à ne pas se rendre indigne des divines promesses, ni de la gloire céleste à laquelle il aspirait » [1].

Sur la fin de sa vie, quand il devint presque incapable de travailler pour Dieu, ce fut l'heure de Dieu, pour travailler plus profondément en lui, afin d'en faire « un autre

[1] Process. de Virt. *passim*.

lui-même ». Les dons et les fruits de l'Esprit-Saint grandissaient donc, mûrissaient rapidement dans son cœur au soleil de la charité, comme il arrive pour le froment ou le raisin dans les derniers jours qui précèdent la récolte.

Son dégoût de la terre, son désir de la patrie faisaient surtout des progrès incessants. *Je veux aller au ciel*, disait-il, *non en statue mais en personne*. Lui reprochait-on d'épuiser ses forces, en voulant travailler encore quand il n'en pouvait plus, il répondait: *Qui veut arriver vite au but, prend les raccourcis*. On ne pouvait parler du ciel sans provoquer en lui un attendrissement subit et des soupirs prolongés.

Un jour, des agapes fraternelles ayant réuni autour de lui plusieurs prêtres de ses intimes, l'un deux se mit à improviser, pendant le repas, un sonnet dans lequel, de la table matérielle, il élevait les cœurs à la pensée du festin céleste et terminait par ces mots: *Ad cœnam Agni* [1]. Le Saint en fut si attendri

[1] Beati qui ad coenam nuptiarum Agni vocati sunt (Apoc. xix, 9).

On chante aussi, dans l'office divin, ces mots:

> Ad regias Agni dapes,
> Stolis amicti candidis
> Post transitum maris rubri
> Christo canamus Principi.
>
> (*Dom. in Albis, Hymn. Laud.*).

qu'il se fit redire par trois fois le passage, et l'on sentit qu'ensuite, il n'était plus à lui, tant avait été forte, dans son cœur, l'impression de la grâce et le désir de l'éternel festin.

Ces sentiments répondaient bien aux sentences suivantes, qu'il avait écrites de sa main pour les avoir plus habituellement sous ses yeux et les mieux graver dans son cœur: *J'ai demandé une chose au Seigneur et je l'implorerai encore, la grâce d'habiter dans la maison du Seigneur, tous les jours de ma vie, afin que je voie la joie du Seigneur et visite son temple* [1]..... *Comme le cerf soupire après l'eau des fontaines, ainsi mon âme soupire après vous, ô mon Dieu. Mon âme a soif du Dieu fort et vivant; quand donc viendrai-je et apparaîtrai-je devant la face de Dieu?* [2].

Désormais donc, ses ardeurs, ses langueurs, ses actes, ses paroles, ses regards, son silence, tout en lui, soit quand il paraît

---

[1] Unam petii a Domino, hanc requiram, ut inhabitem in domo Domini omnibus diebus vitae meae, ut videam voluptatem Domini, et visitem templum eius (Ps. XXVI, 4).

[2] Quemadmodum desiderat cervus ad fontes aquarum, ita desiderat anima mea ad te, Deus. — Sitivit anima mea in Deum fortem, vivum: quando veniam et apparebo ante faciem Dei? (Ps. XLI, 1, 2).

19

au dehors, soit quand il reste dans sa chétive cellule, qu'on appellerait mieux un sanctuaire, tout fait comprendre que le Bien-aimé lui dit : *Je viendrai promptement*, et qu'il répond : *Amen. Venez, Seigneur Jésus* [1].

[1] Etiam veni cito: Amen, veni Domine Iesu (Apoc. XXII, 20).

*Cellule de Saint Jean-Baptiste de Rossi
à la Trinité des Pèlerins.*

SÉPULTURE DE SAINT JEAN-BAPTISTE DE ROSSI
DANS L'ÉGLISE DE LA TRINITÉ
DES PÈLERINS.

CHAPITRE XXIII.

Toute la vie de saint Jean-Baptiste de
Rossi, depuis sa jeunesse, cette histoire nous
l'a montré suffisamment, ne fut qu'une longue maladie. La langueur, le manque habituel d'appétit, l'oppression de la poitrine, la
faiblesse des jambes, les maux de tête, semblaient se conjurer pour paralyser son zèle,
mais ne servaient au contraire qu'à mieux en
montrer l'héroïsme. Cet état maladif chro-
nique se compliqua de diverses maladies
aiguës très graves. Une fièvre putride le

travailla pendant deux ans, le scorbut l'incommoda beaucoup, et il lui survint à la jambe, par suite d'un coup qu'il s'était donné sur l'os, une plaie, dont le pansement le faisait cruellement souffrir.

Malgré tout, il continua tant qu'il le put ses œuvres, en faveur des pauvres et des malades, et ce n'était pas sans attendrissement qu'on le voyait, ne pouvant plus se soutenir, se faire transporter dans les hôpitaux, de salle en salle, et d'un lit à l'autre. On lui avait accommodé pour cela un vieux fauteuil, que trois bâtons permettaient à des porteurs de mouvoir. C'est dans cet attirail qu'il continuait péniblement ses tournées apostoliques; mais enfin il fallut y renoncer.

Cette dernière période de sa vie dura deux ans. Elle commença par une prostration de forces inaccoutumée, qui se fit sentir au mois d'août 1762. Pour la combattre, les amis du malade résolurent de l'envoyer respirer l'air de la campagne, non dans les bourgades qu'il avait évangélisées; on serait venu encore l'y fatiguer, en dépit de toute consigne, et peut-être avec sa complicité; mais à l'Arricia, près du lac de Némi, où il trouverait un air très pur et des promenades solitaires, conformes à ses goûts.

Il se rendit à leurs désirs, à la condition de passer auparavant dix jours en retraite chez les Lazaristes, dans la maison dite « de la Mission ». Il y fit avec le plus grand soin une confession générale, et se plongea dans la méditation des vérités éternelles, pour mieux se disposer au grand passage. Arrivé ensuite au lieu convenu pour y reprendre des forces, il n'en éprouva aucun bénéfice, tout au contraire. Un jour il fut assailli à l'improviste de convulsions si violentes qu'elles menaçaient de l'étouffer : c'était l'épilepsie bien déclarée. Le danger fut conjuré à force de remèdes et de soins, mais le saint malade disait souvent : *Je serais content de mourir à la Trinité des Pèlerins, où j'ai séjourné si longtemps, et entre les mains de ces prêtres que j'aime tendrement, comme des frères.* On le reconduisit donc à Rome vers la mi-octobre, et il y passa un an dans une faiblesse presque continuelle. S'il sentait par moment un peu de forces lui revenir, il en profitait aussitôt pour se remettre un peu au travail.

Sa pauvre chambrette, voilà donc désormais le chantier où il doit, comme une pierre spirituelle de grande valeur, être plus parfaitement sculpté, ciselé, poli, pour être ensuite mis en son lieu par l'artiste divin [1]. C'est une cellule de moins de 3 mètres ½ de long, sur 4 ½ de large, sans autres ornements que des images en papier, une table à écrire et un meuble pour les vêtements de réserve, quand il y en a, ce qui est rare. Au-dessus du lit, aussi misérable que tout le reste, pend une corde fixée au plafond; elle aide le malade à se tourner et à se relever. Et pourtant, ce pauvre réduit est embaumé du parfum d'édification, que répand celui qui l'habite; on y entend même des échos de joie, grâce à l'aménité de son caractère. Aussi, quand ses amis viennent le visiter, il y a renversement des rôles; d'ordinaire, ce sont les visiteurs qui consolent le malade; ici ils sont consolés, égayés par lui, à tel point qu'il leur arrive de ne songer qu'en le quittant à lui demander de ses nouvelles; s'ils s'excusent d'avoir oublié l'objet de leur visite, le Saint sourit encore de leur confusion.

Cependant la note triste se fait aussi entendre quelquefois; le malade a des plain-

[1]
    Scalpri salubris ictibus
      Et tunsione plurima
      Fabri polita malleo,
      Hanc saxa molem construunt,
      Aptisque iuncta nexibus,
      Locantur in fastigio. *(Off. Dedicat.).*

tes, non pas au sujet de ses souffrances ni des soins corporels, qui lui semblent au contraire excessifs, mais à cause de son inaction forcée : *Je ne suis plus bon à rien !* redit-il souvent. Comme les malades, il a ses rêves, il forme des souhaits, mais d'un genre particulier ; il aimerait être transporté chez les Frères de Saint-Jean de Dieu pour embarrasser moins ; ou encore il ambitionnerait d'être enterré avec les pauvres de Santa-Galla, et même dans une sépulture plus ignorée ; il se croit digne de cet oubli. L'appréhension qu'on n'interprète ce choix comme un grand acte de vertu, l'arrête : son désir est d'être humilié, nullement de paraître humble.

Malgré cet état d'épuisement, il s'efforçait cependant presque tous les matins, appuyé sur le bras d'un infirmier, de se rendre à un oratoire et d'y célébrer ou d'y entendre la Sainte Messe. Dans la journée, quelques pénitents plus familiers, quelques prêtres étaient encore admis à lui parler, à l'entendre, à le regarder du moins, pour s'édifier. Il trouva même le courage, ayant eu quelques jours meilleurs, de se rendre à Sainte-Marie in Cosmedin pour y dire la Messe, le 8 septembre 1763 ; et comme tout le monde se pressait autour de lui afin de le féliciter de son rétablissement, il répondit en souriant: *Priez pour moi, car je ne reviendrai plus; c'est la dernière fois que je célèbre ici la Nativité.* En décembre, il alla visiter une malade, sœur d'un chanoine de ses intimes, et celle-ci remarqua dans ses paroles un accent si extraordinaire, qu'elle fut tentée de lui dire: *Pourquoi ce langage?* mais elle n'osa l'interroger. En prenant congé d'elle il lui dit posément: *Adieu; l'année prochaine nous nous trouverons ensemble.* En effet, elle mourut en janvier, et lui en mai de l'année suivante.

Le 27 décembre, le serviteur chargé de l'aider tous les matins à se rendre à la tribune, ayant frappé à sa porte, ne reçoit aucune réponse. Il frappe plus fort une deuxième, une troisième fois, puis il appelle à haute voix: toujours même silence. Saisi d'effroi, il donne l'alarme, les prêtres viennent en toute hâte, la porte est forcée; et que voit-on? le bon vieillard gisant à terre près de son lit, sans parole, tout glacé, car il y avait environ deux heures qu'il était dans cet état, au plus fort de l'hiver; il avait eu une nouvelle attaque. On le relève, on l'étend sur son lit, et l'on met tout en œuvre: vésicatoires, saignée, sinapismes pour ramener la vie.

Dans la journée, il reprit connaissance, sans toutefois retrouver la parole, et on profita de cette amélioration pour lui donner le saint Viatique, d'autant plus qu'on comprenait son grand désir de le recevoir. A peine vit-il le divin Maître entrer dans sa cellule qu'il se découvrit, non sans effort, fit le signe de la croix et joignit les mains; ce fut dans cette attitude qu'il reçut la Communion. Pendant son action de grâces, raconte un témoin, il avait l'air d'un saint; selon un autre, il semblait un séraphin. Vers le soir, son état s'aggrava tellement qu'on ne voulut pas tarder à lui donner l'Extrême-Onction. On l'entendait répondre aux prières, autant qu'il le pouvait, et il faisait comprendre le grand plaisir qu'il éprouvait à recevoir cette grâce insigne, puis il continua à s'entretenir avec Dieu. Un reflet du paradis éclairait son visage, et la mort semblait si imminente, que déjà les prêtres s'étaient partagé les heures, pour prier sans relâche autour de sa dépouille. Mais une certaine amélioration se produisit et s'accentua même assez pour qu'il pût célébrer encore quelquefois la sainte Messe; et cela dura deux mois.

Mais, sur la fin de février 1764, un nouvel assaut survint, et si violent, qu'au jugement des médecins, cette fois c'était bien fini. Il revint à lui néammoins et demanda à son confesseur, Dom Luc Antoine Coselli, curé de saint Thomas aux Cenci, de faire une revue générale de ses fautes, ce qui lui fut accordé pour sa consolation, mais d'une manière sommaire, eu égard à la confession générale déjà faite l'année précédente à la Mission. Quand le même prêtre l'exhorta à recevoir la mort avec résignation, il répondit, les larmes aux yeux: *La mort, je la regarde d'un œil indifférent et sans aucune crainte. Je reconnais dans cette disposition une grâce spéciale de Dieu, qui, j'espère, daignera me consoler en ce moment suprême, à cause de l'amour et de la charité que je me suis efforcé de témoigner aux pauvres.*

Pour compléter ses mérites et la vertu de ses exemples, Dieu permit qu'il vécût deux mois encore. Cédant même aux instances réitérées d'un de ses disciples, l'avocat Etienne Palliani, il alla passer quelques jours dans la maison de celui-ci, près du Quirinal, où l'air était plus pur et où il trouvait un régime plus délicat; mais là encore il sentit son état empirer, et il voulut regagner sa chère cellule. Une série de sacrifices l'y attendait: impossible de dire la Messe; la sainte Communion

même ne lui était permise qu'à des jours déter-
minés, et il lui fallut renoncer à dire l'Office
divin. Heureusement, on lui donna comme
compensation le Rosaire; cet échange le con-
sola. Quand il n'avait pas entre les mains son
chapelet pour le réciter, il le tenait enroulé
autour de son bras avec tant d'affection, qu'un
de ses amis le lui ayant enlevé pendant qu'il
était sans connaissance, aussitôt la syncope
finie il montra à cet ami son bras dégarni, en
lui disant aimablement: *Vous m'avez fait un
larcin.*

On vit alors jusqu'où allait sa pauvreté
et sa charité. Aucun souci de faire son testament. Il avait tout donné, jusqu'à son lit;
celui sur lequel il reposait était un prêt des
administrateurs de l'hospice. Les planches du
lit, les chaises, la table, le prie-Dieu, la petite
armoire étaient tout son avoir, et il disait
en riant: *Ce sera pour payer mes funérailles.
Qui sait si l'on n'en retirera pas une fortune,
à cause de leur valeur comme antiquités?* Quels
biens lui restait-il en outre, à part ses habits
en lambeaux? Deux bréviaires, un Nouveau
Testament presque usé, des images en papier,
et son crucifix. Pourtant il médita et effectua
gravement la distribution de cet avoir. Et de
fait, dans le don de ces objets matériels qui,

par eux-mêmes, étaient sans valeur aucune, il y avait tout son cœur, et tout son esprit apostolique: son cœur, car il montrait à ses amis, quel que fût son amour de la vie cachée, combien il désirait se survivre dans leur mémoire, pour avoir leurs suffrages; son esprit apostolique, car il espérait, non sans raison, qu'en voyant des yeux les objets légués par lui, ces bons prêtres se rappelleraient ses leçons, ses fondations, ses pratiques de zèle en faveur des pauvres, et tiendraient à honneur de les perpétuer. Le crucifix seul n'était pas disponible; prêchant jadis une mission à Bevagna, le Saint avait dit au Prévôt de l'église: *Je vous le lègue, pour le cas où je vous précèderais dans la tombe.* Il n'avait pas oublié la promesse et, au grand regret de ceux qui l'entouraient, il donna des ordres pour qu'elle fût exécutée.

C'était donc fini; le Serviteur de Dieu, semblable à saint François d'Assise, n'avait plus rien, absolument rien à démêler avec ce monde.

Cependant il caressait une espérance, celle de dire la Messe le 26 mai, fête de saint Philippe de Néri, son modèle, son conseiller, son protecteur, son ami. Après cela, volontiers il aurait dit à Dieu: *Maintenant,*

Seigneur, laissez partir votre serviteur en paix. Durant la neuvaine préparatoire à la fête du Saint, il fit même un effort pour se traîner à l'oratoire, et, montant à l'autel, il essaya de faire les génuflexions et les autres cérémonies : l'essai lui parut satisfaisant, il se réjouissait donc d'avance de la grâce dernière qu'il allait recevoir.

Le 21 mai 1764, bien que le malade sentît une faiblesse extrême, avant-coureur d'une dernière attaque, il dit à un de ses amis. *Priez Dieu pour moi et suppliez saint Philippe qu'il m'obtienne de célébrer la Messe le jour de sa fête.* Ces aspirations de son cœur plaisaient à Dieu et lui valurent, mais sous une autre forme, la grâce qu'il désirait. S'il y a le baptême de désir, et le martyre de désir, pourquoi n'y aurait il pas « la Messe de désir ? »

Après avoir ainsi parlé, il entra dans une profonde oraison et dit: *Ne me troublez pas et ne laissez entrer personne.* Plus tard, le domestique lui porta sa légère réfection habituelle, et laissa s'approcher deux prêtres de ses collaborateurs. Le Saint, en se redressant pour manger, les aperçut et leur dit: *Comment vont les pauvres femmes de la maison de réclusion?... Comment vont les pauvres de*

Santa-Galla? Ces infortunés, qui étaient pour cela ses privilégiés, devaient avoir ici-bas ses dernières paroles, le gage suprême de sa charité. Car aussitôt après, il eut une attaque qui faisait horreur et compassion; la tête, les bras, les mains, tous les membres étaient comme tordus par les convulsions, et le corps entier en était contracté.

Au bout de deux heures, la crise se calma, mais le malade ne disait plus rien et semblait ne plus comprendre; seulement, tourné vers le crucifix du prie-Dieu, il fixait les yeux sur lui avec un air tout céleste, qui remplissait de tendresse l'âme des assistants. Un instant, il fit geste de reculer vers la muraille, comme s'il eût éprouvé une grande angoisse, sans détacher pour cela ses regards de la croix. C'était probablement quelqu'une de ces tentations que l'ennemi réserve aux plus grands Saints, sur les confins de la vie présente, pour en ruiner tout le bien par un assaut désespéré. Mais un prêtre l'ayant aspergé d'eau bénite, tout se dissipa, la sérénité revint, et ce fut dans cet état qu'il rendit paisiblement son âme à Dieu, à cinq heures du matin, le 23 mai 1764. Il avait soixante-six ans, trois mois, un jour.

Au moment même de la mort, à 23 Milles de Rome, dans l'antique ville de Bracciano, où Jean-Baptiste de Rossi avait prêché la mission, un chanoine de ses amis vit apparaître en songe une croix de cristal, qui restait suspendue dans les airs au milieu de splendides rayons de lumière; autour d'elle une grande foule de peuple se pressait. Il demanda ce que c'était, et une voix inconnue, mais très distincte, lui répondit: *Le Fils de Dieu va de la sorte au devant d'un de ses serviteurs défunts, qu'il veut honorer.*

Jean-Baptiste de Rossi montant au ciel.

GUÉRISON MIRACULEUSE
DE MARIA SABATINI.

CHAPITRE XXIV.

Funérailles du Serviteur de Dieu simples et imposantes. — Vénération croissante. — Nombreuses grâces temporelles et spirituelles obtenues. — Procès de la Béatification; deux miracles complètent les actes requis pour y procéder solennellement. — Deux autres miracles insignes surviennent et font décider la Canonisation. — Culte du Saint. — Influence qu'il est appelé à exercer sur la sanctification du clergé et sur celle du peuple chrétien.

Les funérailles du Serviteur de Dieu furent grandioses dans leur simplicité. Tous les curés de Rome s'étaient entendus afin que la dépouille vénérable fût portée processionnellement dans les rues pour la consolation et l'édification de la cité entière; et ils avaient renoncé à tout droit qui eût pu, de ce chef, leur appartenir. Pour le reste des frais, car l'homme de Dieu, on vient de le voir, était mort dans une pauvreté extrême, divers ecclésiastiques de ses amis s'étaient hâtés de se cotiser, jaloux de ne pas laisser à d'autres cet honneur.

Le cercueil s'avançait lentement, précédé par deux files de prêtres, et immédiatement suivi de la famille du défunt, nous voulons dire de ses pauvres de Santa-Galla. Sur le parcours se pressait une foule nombreuse, où les nobles se mêlaient au simple peuple, amenés les uns et les autres, non par une vaine curiosité, mais par un sentiment de vénération; aussi entendait-on se mêler aux prières liturgiques, ces exclamations: *Oh! quel grand Serviteur de Dieu! C'est un Bienheureux! C'est un grand Saint!* Et plusieurs s'agenouillaient devant la dépouille mortelle, comme s'il se fût agi de reliques sacrées, portées en triomphe un jour de fête.

Quand le cortège fut de retour à la Trinité des Pèlerins, on y célébra la Messe solennelle, puis on laissa au peuple quelques heures encore pour satisfaire sa dévotion, enfin on enterra le corps dans la chapelle de l'église, dédiée à la Reine du ciel.

Mais si les restes du fervent Serviteur de Jésus et de Marie disparaissaient aux regards, sa mémoire et l'estime de sa sainteté grandissaient de jour en jour, d'autant plus que le ciel même lui rendait témoignage par de nombreux prodiges. Beaucoup de malades atteints de tumeurs incurables, de plaies affreuses, aux jambes ou aux bras, de convulsions, de maux de dents, de fièvres dévorantes etc. recouvraient la santé. Et que fallait-il pour obtenir ces guérisons miraculeuses? Une simple invocation au Serviteur de Dieu, l'application d'un ruban noir qui lui avait lié les mains dans le cercueil, ou même quelques fils seulement de ce ruban, plongés un instant dans une potion, son image baisée pieusemement, ou placée sur le membre souffrant, ou simplement glissée sous l'oreiller du malade, à son insu : c'en était assez pour que le ciel daignât opérer ces miracles.

Aux grâces temporelles s'ajoutaient des grâces spirituelles, comme l'éloignement subit et complet de tentations humiliantes et tyranniques, ou la conversion subite de moribonds, qui demandaient d'eux-mêmes avec instance un confesseur, après l'avoir longtemps et obstinément refusé.

On comprend que tant de signes du ciel invitassent à entreprendre le procès de la Béatification. En 1772 commença le procès informatif, sur la réputation de sainteté, les vertus et les miracles du Serviteur de Dieu. Le mercredi 27 juin 1781, la S. Congrégation des Rites publia le Décret d'introduction de la cause, avec approbation de Pie VI. Par cela même, Jean-Baptiste de Rossi avait le titre de Vénérable. En 1782, commença le procès Apostolique sur les vertus en particulier. Le mercredi 23 juillet, on procéda à la reconnaissance du corps saint, que l'on remit ensuite à sa même place. La grande révolution, les guerres qui la suivirent et la persécution religieuse qui arracha violemment de Rome le Pape et les Cardinaux, imposèrent alors des retards. Cependant, le samedi 11 juillet 1807, parut le Décret d'approbation des écrits du Vénérable, avec permission, par conséquent, de passer à l'examen de l'héroïcité des vertus. Le 28 janvier 1823, le 7 septembre 1830 et le 12 août 1834, se tinrent les trois Congrégations dites *antipréparatoire*, *préparatoire* et *générale ;* et le dimanche 28 décembre, Grégoire XVI publia le Décret définitif sur les vertus théologales, cardinales et annexes, pratiquées au degré héroïque. Mais ce fut seulement sous le Pontificat de Pie IX, le 13 mai 1860, que tous les actes furent terminés et que se célébrèrent à Saint-Pierre les fêtes de la Béatification.

Deux miracles insignes avaient complété les preuves voulues pour une décision aussi importante. Le prêtre Bernard Richino, neveu de Jean-Baptiste, avait une phtisie pulmonaire développée jusqu'à la gangrène, de sorte qu'il se voyait perdu et disait, en s'adressant

à son oncle, comme à un futur Bienheureux:
Et moi qui espérais faire votre panégyrique !
A peine eut-il vénéré une image du Serviteur
de Dieu, qu'il se trouva parfaitement guéri, à
la grande stupeur du médecin, venu à son
domicile pour constater légalement la mort.

Marianne Montanari, demoiselle romaine,
avait un tempérament toujours maladif, à
la suite d'une frayeur. Cet état morbide s'était
compliqué d'un refroidissement qui avait dé-
généré en asthme, avec crises violentes et
ulcères dans la bouche, et cet état alla s'aggra-
vant, pendant dix années. Réduite à l'extrémité, elle invoqua, de cœur, Jean-Baptiste de
Rossi, car elle était trop faible pour prononcer
aucune parole, et ensuite elle vénéra dévote-
ment son image. Cet acte suffit pour mettre
fin à la maladie. calmer toute douleur, faire
disparaître les enflures, rendre libre la respi-
ration et la voix. Vingt-trois ans après, elle
assistait aux belles fêtes de la Béatification.

Mais, depuis ce jour mémorable se pro-
duisirent d'autres miracles, parmi lesquels
les deux suivants motivèrent la Canonisation.

Marie Sabatini souffrait d'un squirrhe
énorme à la cavité de l'estomac; de là l'impossibilité de garder aucune nourriture, solide
ou liquide; de là des spasmes, renouvelés

douze ou treize fois le jour, avec des convulsions si violentes qu'il fallait cinq ou six personnes pour la tenir. Depuis lors elle avait peine à faire usage de ses mains, et le mal gagna tellement, que la suppuration se manifestait jusqu'aux gencives. La maigreur avait fait d'elle un squelette. La pauvre affligée recourut au B. Jean-Baptiste de Rossi, qui, la nuit du 23 au 24 mai, anniversaire de sa mort, lui apparut et lui annonça qu'elle serait guérie, mais un peu plus tard. En effet le mal continuait, c'était à la décourager, quand le Bienheureux lui apparut une seconde fois et lui dit : *Marie, à l'octave de ma fête tu seras guérie.* Malgré cette assurance, la maladie progressa à tel point que le prêtre qui assistait la malade, jugeant d'après sa longue expérience, annonça qu'elle mourrait probablement vers minuit. Une troisième fois, Jean-Baptiste vint à elle, lui donna certains conseils pour son âme, la bénit et lui dit : *Tu es guérie, lève-toi.* A l'instant même, elle s'élança hors du lit, la tumeur avait disparu ; sur ses instances on lui donna à manger, elle semblait insatiable ; et, chose merveilleuse, son visage d'une maigreur effrayante devint aussitôt, sans transition, frais, coloré, florissant.

Sœur Marie-Thérèse, Bénédictine du monastère de Sainte-Cécile à Rome, personne d'une complexion lymphatique et en même temps d'un caractère **vif** et tranchant, avait une excroissance en forme de champignon qui envahissait les deux amygdales et faisait surgir jusque sous les bras des tumeurs volumineuses. Prenant la maladie pour une angine tonsillaire, on lui fit jusqu'à cent cinquante incisions et l'on procéda même à l'extraction des amygdales. Non seulement l'opération ne réussit pas, mais elle amena la rupture d'une artère, et peu à peu le mal descendit jusqu'à la poitrine, à l'estomac, aux entrailles : tout en elle était infecté, et l'aphonie était arrivée à tel point que, pour l'entendre, il fallait mettre l'oreille sur sa bouche.

Le 19 septembre 1862, la malade fut avertie par une voix inconnue que *le Bienheureux Jean* allait venir vers elle. *Qui est le Bienheureux Jean ?* répliqua-t-elle ; et la voix ayant poursuivi : *C'est le Bienheureux Jean*, elle dit : *Les Bienheureux ne me visitent pas*. Mais il lui fut répondu : *Oui, c'est un de ceux qu'on a béatifiés récemment et vous saurez maintenant si c'est vrai*. Aussitôt elle vit au pied de son lit un prêtre en soutane avec ceinture, qui tenait en main une supplique, comme pour l'inviter à la signer et à demander grâce; puis l'apparition s'évanouit, mais les traits du personnage étaient restés gravés dans son souvenir. La Mère Abbesse informée de tout par la malade, l'engagea à demander au Bienheureux sa guérison, et quoique peu portée à le faire, attendu que toutes ses prières avaient été jusque là suivies d'une aggravation de souffrances, elle se décida enfin. Mais avec son caractère prime-sautier elle dit au Bienheureux : *Ou dehors, ou dedans*, c'est à dire : « ou faites-moi mourir vite, ou guérissez-moi ».

Or le 20 septembre, à l'heure de vêpres, après avoir prié le B. Jean-Baptiste, elle sentit tout à coup dans la gorge une impression étrange, comme si une main invisible eût extrait la tumeur charnue ; à partir de ce moment toute douleur cessa, la guérison était complète. Elle s'habilla donc, circula dans le monastère, se fit apprêter à manger. Le soir elle ne put reposer, non qu'elle éprouvât un reste de malaise, mais parce qu'elle était hors d'elle et insatiable de faire monter au ciel les témoignages de sa reconnaissance. Les médecins, convoqués pour examiner la chose, ne purent que dire: *Comme on reconnaît ce qui vient de là-haut!* La santé miraculeusement rendue à Sœur Marie-Thérèse lui fut conservée de longues années; le 4 mars 1894 seulement, elle passa à une vie meilleure.

Ces deux miracles ayant été constatés, discutés, approuvés dans toutes les formes canoniques, Léon XIII décréta, le 27 avril de l'an 1881, que l'on pouvait procéder en pleine sécurité à la Canonisation du Bienheureux Jean-Baptiste de Rossi. Elle eut lieu en effet, le 8 décembre 1882, dans la grande salle de la Basilique Vaticane, affectée pendant quelques années à ces imposantes cérémonies. Quatre Saints y furent proclamés à la fois: Jean-Baptiste de Rossi, Laurent de Brindes, Benoît-Joseph Labre, et Claire de Montefalco. Cette dernière, religieuse de l'Ordre de Saint-Augustin, s'était montrée ici-bas grande amie des indigents, énergique promotrice parmi ses Sœurs des lois austères de la pauvreté [1]. Qui ne connaît saint Joseph Labre, mendiant, pélerin, apôtre, bienfaiteur

---

[1] Elle ne souffrait point que les Religieuses eussent aucun argent en particulier, mais elle faisait mettre tous les présents et toutes les aumônes en commun. Elle ordonna qu'après les repas de la communauté, ce qui resterait fût distribué aux pauvres; que chaque fois qu'on cuirait, on leur donnât douze des plus beaux pains, en l'honneur des douze Apôtres. Son dîner et son souper étaient ordinairement pour les malheureux, se contentant de pain et d'eau, ou de quelques bouchées de légumes, afin de consacrer

de tous les hommes, durant ses voyages en France et en Italie? La cause de Laurent de Brindes, Général des Capucins, avait été promue avec zèle par le P. Ange de Voltage, oncle de Jean-Baptiste de Rossi. Celui-ci, dans les solemnités de la Canonisation, se trouvait donc, par une coïncidence providentielle, dans une compagnie de choix où régnait la conformité d'esprit, d'inclinations et de cœur.

Diverses églises de Rome célébrèrent successivement un Triduum solennel à l'occasion de la Canonisation du Saint, en particulier Sainte-Marie in Cosmedin, la Trinité des Pèlerin, Saint-Ignace et Santa-Galla. Sa fête a été fixée tous les ans au 23 mai. L'oraison de l'office et de la messe est ainsi conçue: *O Dieu qui avez orné saint Jean-Baptiste, votre Confesseur, de charité et de patience dans l'évangélisation des pauvres, daignez nous accorder, nous vous le demandons, qu'en vénérant ses pieux mérites, nous imitions aussi ses exemples de vertu. Par Notre-Seigneur etc.* [1].

le reste à Jésus-Christ, souffrant et affamé dans ses membres. Elle avait un soin affectueux et maternel des malades, spécialement de ceux qui étaient atteints d'ulcères, préparait pour eux des remèdes et les pansait avec une bonté merveilleuse.

[1] Deus qui sanctum Joannem Baptistam Confessorem tuum in evangelizandis pauperibus caritate et patientia decorasti: concede quaesumus, ut cuius pia merita veneramur, virtutum quoque imitemur exempla. Per Dominum.

Ces honneurs publics rendus à Jean-Baptiste de Rossi n'égalent pas sans doute, en éclat et en étendue, ceux dont sont entourés divers autres Saints. Une voie plus cachée a été tracée par Dieu à celui dont nous achevons d'esquisser la physionomie. Qu'importe s'il ne voit pas surgir à sa gloire des temples matériels magnifiques, condamnés malgré tout à périr ? Il nous montre du doigt un autre temple, auquel sa vie sert de plan, et ses prières de précieux appui, le temple de la perfection sacerdotale: temple dont la solidité, les proportions, la splendeur, les solemnités, doivent de nos jours aller en croissant. Car le grand adversaire travaille plus que jamais, sous le prétexte de l'avènement de l'esprit séculier, ou de la nécessité des temps et du progrès de l'humanité, à tout envahir, pour effacer de partout le nom du Dieu tout-puissant, souverain Maître, et celui de Jésus Sauveur. Mais si les maximes, si les exemples de notre modeste et saint prêtre sont adoptés pour règle de conduite, les efforts des alliés de Satan, quelle qu'en soit la violence ou l'astuce, ne prévaudront point: *Non praevalebunt.*

« Nous pensions, seront-ils contraints de dire au grand jour des rétributions, nous pensions rabaisser au niveau de ce monde et des sociétés terrestres qui s'y sont formées, les idées, les mœurs, l'activité des membres de la tribu sainte ; mais eux, restant fidèles à leur divine mission, n'ont fait qu'épurer, enraciner, embellir sur cette terre, en dépit de nos flatteries ou de nos violences, l'esprit de religion;· donc nous nous sommes trompés. *Ergo erravimus.*

« Nous espérions que, la vie personnelle du prêtre nous échappant, nous réussirions au moins à isoler de lui le peuple chrétien, pour fausser plus librement, dans la société entière, les idées de justice, de liberté, d'égalité, de charité et de bonheur. Mais la tactique a échoué; la justice et la paix, la miséricorde et la vérité ont maintenu, malgré tout, leur, alliance dans la foi [1]; leur influence s'est même étendue à mesure que l'on a mieux constaté l'inanité de nos efforts et la fausseté de nos promesses; donc nous nous sommes trompés. *Ergo erravimus.*

« Notre but final, en entraînant dans nos voies le peuple chrétien avec ses guides, était d'atteindre le Christ en personne, d'obscurcir sa gloire, de calomnier sa doctrine, de briser son joug, d'anéantir son règne, et de créer

---

[1] Misericordia et veritas obviaverunt sibi. Iustitia et pax osculatae sunt (Ps. LXXXIV, 11).

un peuple nouveau, un règne sans égal dans l'histoire des nations. Les forces du génie humain, émancipées de toute loi et substituées à l'Evangile, les ressources du monde matériel développées à outrance, au détriment de l'esprit, les satisfactions de, sens affluant de toutes parts et offrant à chacun une sorte de béatitude : tel était notre idéal et notre rêve; telle allait être notre création, l'objet de notre orgueil, l'idole encensée et adorée de tous.... Et tout a croulé, tout s'est évanoui comme de la fumée. Nous nous sommes donc honteusement trompés. *Ergo erravimus* ».

Et pendant qu'ils diront ainsi, dans leur confusion et leur désespoir, on verra paraître, à la droite du Christ Jésus, des phalanges de saints prêtres, et des légions de vrais fidèles formés à leur école, portant tous en main les gerbes abondantes de leurs œuvres de foi, de patience, de piété, de miséricorde. Dieu! que c'est consolant! que c'est beau!.... Mais regardez leurs cœurs, et vous y trouverez, vous y saluerez, vous y admirerez des dispositions beaucoup plus remarquables encore, de foi, d'amour, d'humilité, de douceur, de patience, de dévouement, de passion pour le sacrifice : trésors grandis par les épreuves et les persécutions, et qui n'ont cessé de perpétuer le règne de Dieu dans les âmes [1], d'étendre son action rédemptrice partout dans l'humanité.

Et tous ces hommes, tous ces cœurs, toutes ces dispositions, tous ces actes, prenant une voix, s'écrieront de concert :

Christus vincit,
Christus regnat,
Christus imperat.

[1] Ecce enim regnum Dei intra vos est (Luc. XVII, 21).

B. Angelico.

REGINA SANCTORUM OMNIUM
ORA PRO NOBIS.

TABLE DES MATIÈRES.

TABLE DES MATIÈRES

Chapitre III.

Chapitre IV.

Chapitre V.

Chapitre VI.

CHAPITRE XIII.

CHAPITRE XIV.

CHAPITRE XV.

Chapitre XXIV.